JN040041

音楽×アプリ×授業アイデア
100

小学校・中学校　瀧川 淳 編著

どんなOSでも使用できるWebアプリ
端末にもともと入っているアプリなど

明治図書

・だれもが追試できるアイデアを多数収録！
・音楽授業でのICTとのかかわり方を明説！

はじめに

『1人1台端末でみんなつながる！音楽授業の ICT 活用ハンドブック』（瀧川淳編著，明治図書，2022.2）が刊行されて1年が過ぎました。その後，研修会や授業研究会などに呼んでいただき音楽授業と ICT についてお話をさせていただく機会をたくさんいただきました。また，ICT 端末を使った授業の観察も多くさせていただきました。その経験から，この1年の間に音楽授業の中に ICT 端末がますます浸透してきたと感じています。先生も子どもたちも ICT 端末を使うことに抵抗が少なくなり，すでに ICT 端末が音楽授業に欠かせないツールになっているという授業をたくさん拝見させていただきました。その中には，先生がたが**今までやってこられた授業が ICT 端末を使うことでより深まりを見せる授業**や，ICT 端末を使うからこそ実現できた**全く新しい授業**もありました。

一方，予想以上に学校で使用される端末の OS に違いがあるという現実にも直面しました。現在，学校では，Chrome OS，iPad OS，Windows の3種類が主に使われています。当然，これら OS の違いによって使用できるアプリケーション（以下，本書ではアプリと呼びます）は異なります。

そこで本書では，多くの先生がたの参考になるよう **Web アプリを使ったアイデアを多く掲載**しています。Web アプリとは，インターネットブラウザ上で動かすことのできるアプリです。端末がインターネットにつながっていれば，OS を問わず利用できることが利点です。

もうひとつ，端末にあらかじめインストールされた基本的なアプリのアイデアも多く紹介しました。OS ごとに機能の細かい差はありますが，カメラやメモ，録音，音楽制作といったアプリを使った音楽授業アイデアの提案です。基本的にはこのようなコンセプトで，本書を以下の4つのパートで構成しました。

① 音楽の授業と ICT の活用
② 音楽授業に役立つアプリ紹介
③ アプリを生かした音楽授業アイデア
④ 音楽授業に役立つサイト紹介

②と③は連動しています。つまり②で紹介したアプリの活用アイデアが③です。100のアイデアを掲載することで，先生がたには「こんなことができるのか」という可能性とひらめきをお届けできたと思います。ぜひこれを起点にして，先生独自の活用法で子どもたちに豊かで深い音楽体験を目指していただけたら嬉しく思います。なお，前作に引き続き本書は企画編集の段階から明治図書の木村悠さんから多くの示唆を得ました。ここに深く感謝申し上げます。

2023年8月

瀧川　淳

Contents

はじめに　003

Part1
音楽の授業と
ICT の活用

音楽×授業× ICT 機器　008
音楽科における ICT の活用　009
小学校の音楽授業における ICT 機器の活用　010
中学校の音楽授業における ICT 機器の活用　011

Part2
音楽授業に役立つ
アプリ紹介

1　Google Classroom　012
2　Microsoft Teams　013
3　Microsoft PowerPoint　014
4　Google スライド　015
5　カメラ　016
6　メモアプリ　017
7　MuseScore4　018
8　Padlet　019
9　Mentimeter　020
10　ボーカルリムーバー　021
11　オーディオカッター　022
12　オーディオジョイナー　023
13　iMovie　024

14 Microsoft Clipchamp 025

15 Google フォト 026

16 YouTube 027

17 GarageBand 028

18 録音 029

19 カラオケ録音 030

20 おんぷノート 031

21 Song Maker 032

22 BandLab 033

23 Scratch 034

24 Music Blocks 035

25 Tec-Mu 036

26 ロイロノート 037

27 熊本市教育センターオリジナルデジタル教材 038

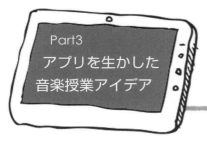

Part3
アプリを生かした
音楽授業アイデア

28 HP のモデル演奏を生かしてみよう 039

29 YouTube を参考にことばと打楽器の音色を組み合わせよう 040

30 Tec-Mu でティンカリングを体験しよう 041

31 Tec-Mu でライブ・コーディングしよう 042

32 Music Blocks でプログラミングをしよう 043

33 Music Blocks でランダムに変わる旋律づくりをしよう 044

34 PowerPoint で作品リンクを一覧表示しよう 045

35 PowerPoint で音楽めぐりをしよう 046

36 PowerPoint でリコーダーの運指を調べよう 047

37 PowerPoint の範奏動画で技能を習得しよう 048

38 パワポ教材でリズムを学ぼう 049

39 PowerPoint で目隠しをコピペしよう 050

40 パワポ教材で「ド」を探そう 051

41　Scratch で簡単な旋律を表してみよう　052

42　Scratch でサンプリング音と写真を活用しよう　053

43　Scratch で音の可視化の機能を加えよう　054

44　Scratch でペア学習に取り組もう　055

45　Scratch で俳句に旋律をつけてみよう　056

46　Scratch で輪奏とオスティナートのプログラムを組んでみよう　057

47　Scratch で「虫の声」をアレンジしてみよう　058

48　Scratch で生活音をプログラミングしよう　059

49　Scratch で音と写真によるショートストーリーをつくってみよう　060

50　MuseScore4 でギターやウクレレのタブ譜をつくろう　061

51　MuseScore4 でリズムをつくって身体で表現しよう　062

52　GarageBand で教材をつくろう　063

53　GarageBand を歌唱・器楽に生かそう　064

54　GarageBand で即興演奏をしよう　065

55　GarageBand の「Live Loops」を使おう　066

56　ロイロノートでリコーダーを練習しよう　067

57　ロイロノートで音楽会のパート分けをしよう　068

58　Padlet で主体的に表現を高め合おう　069

59　Padlet でアジアの音楽地図をつくろう　070

60　Padlet を使って鑑賞曲に集中しよう　071

61　Mentimeter で協働的に歌詞を読み解こう　072

62　Mentimeter で音楽と言葉をつなごう　073

63　Mentimeter で意見を集計して即表示しよう　074

64　カメラの撮影で音楽にぴったり合う風景を見つけよう　075

65　カメラでつくったお手本動画で合奏練習をしよう　076

66　カメラの活用で声をそろえて素敵な合唱をつくろう　077

67　カメラで上手そうな姿勢を習得しよう　078

68　メモアプリでグループ活動を深めよう　079

69　メモアプリで演奏発表を充実させよう　080

70　録音機能で歌声をモニタリングしよう　081

71　録音機能で音素材を集めて BGM をつくろう　082

72　Song Maker で「かえるの歌」の変奏曲をつくろう　083

73　Song Maker で和音進行を生かして旋律をつくろう　084

74　BandLab の多重録音で音楽づくりをしよう　085

75 Google Classroom を音楽授業でも構築しよう　086

76 Google Classroom で振り返りを共有しよう　087

77 Google Classroom で意見をグラフ化しよう　088

78 Google Classroom で個別学習を促進しよう　089

79 ボーカルリムーバーで伴奏音源をつくろう　090

80 オーディオカッターで音楽ファイルを加工しよう　091

81 オーディオジョイナーで曲をひとつにまとめよう　092

82 オーディオジョイナーで変奏曲を学ぼう　093

83 カラオケ録音で創意工夫を高めよう　094

84 動画編集アプリで音楽に合ったムービーをつくろう　095

85 動画編集アプリで鑑賞教材をつくろう　096

86 Web アプリでお囃子の旋律をつくろう　097

87 Web アプリで日本の音階の旋律をつくろう　098

88 おんぷノートでリズムを学ぼう　099

89 YouTube の機能を生かそう　100

Part4
音楽授業に役立つ
サイト紹介

90 StuDX Style　101

91 Teach U〜特別支援教育のためのプレゼン教材サイト〜　102

92 Enjoy!Music プログラム【2020特別編】　103

93 フラワービート　104

94 あっこ先生のリズム教室　105

95 音楽科授業工房　106

96 明日の音楽室　107

97 Zoom+a　108

98 MUSICCA　109

99 洗足オンラインスクール　110

100 Learning Music（音楽を学ぼう）　111

※本書に収録している QR コード等の情報は，執筆当時のものです。

音楽×授業×ICT機器

音楽科の授業にどうしてICTなのか？

　GIGAスクール構想を機にICT機器が音楽授業にもどんどん活用されています。また，新型コロナウイルス感染症の世界的な流行により，ICT機器が学校現場に急ピッチで導入され，コロナ禍における子どもたちの様々な学びを保障してきたことは言を俟ちません。歌えない・演奏できない音楽授業の中，ICT機器の普及で，それを介した音楽のすばらしい世界とのつながりや広がりを実感された先生も多いのではないでしょうか。

　しかしあまりにも急ピッチな導入だったため，「どう使うのか」が先行し，「どのような理念で活用するのか」という根本的な問いが先生方の中に残ったままではないかと思っています。

学校音楽の現場とICT

　そこでPart1では，音楽科教育の現場を多く知る志民一成氏，津田正之氏，大熊信彦氏の三氏に学校音楽全体／小学校音楽／中学校音楽の現場に即して音楽科とICTの活用について書いていただきました。

　志民氏は，令和答申を引用して文房具としてのICT機器に触れ，その役割を挙げています。またICT機器を活用することで「個別最適な学び」が「孤立した学び」にならないよう注意喚起し，さらに一人一人の学び方

の尊重という観点から，ICT機器が学びのツールの選択肢の一つであることを述べています。

　津田氏は，ICT機器による自分たちの演奏やつくった音楽の録音録画が振り返りの広がりを見せ，それが子どもの学びの価値につながることを指摘しています。また教材作成にICT機器を活用することで指導のポイントが明確になると述べています。

　大熊氏は，中学生の成長，そして中学校音楽科の授業における大切な点に触れ，ICT機器がこのような音楽の学びを充実させるための手段だと指摘しています。その上で，ICT機器は，時間的・空間的制約を超えた学びを取り入れることが可能で，子どもたちに意欲的で密度の高い学習を促すことができるようになり，また学習を深めることに結びつくと述べています。

新たな音楽文化創造の担い手をつくる

　ICT機器を使った音楽創造は，現代の音楽シーンに欠かせないものです。つまり新たな音楽創造の手段としてICT機器が活用され，それが新しい音楽文化を生んでいます。これまでの音楽授業の形を大切にしながら，最新の音楽に触れることのできる手段，そして新たな音楽文化の担い手をつくるきっかけとしてもICT機器を取り入れてみてはいかがでしょうか。

（瀧川　淳）

音楽科における ICT の活用

ICT で協働的な学びと個別最適な学びを

令和３年１月に中央教育審議会が出した「『令和の日本型学校教育』の構築を目指して～全ての子供たちの可能性を引き出す，個別最適な学びと，協働的な学びの実現～（答申）」（以下，令和答申）では，ICT を「個別最適な学びと，協働的な学びを実現するため」に必要不可欠なものと位置付けています。音楽科の授業では GIGA スクール構想の下，実践が積み重ねられてきていますが，子どもも先生も慣れる段階から，さらに有効な活用を考える段階に進みつつあると言えます。

小学校学習指導要領には「児童が様々な感覚を働かせて音楽への理解を深めたり，主体的に学習に取り組んだりすることができるようにするため，コンピュータや教育機器を効果的に活用できるよう指導を工夫すること」と示されており，中学校の学習指導要領でも，ほぼ同様の内容となっています。では，具体的にどのような活用が効果的なのでしょうか。

令和答申では「児童生徒自身が ICT を『文房具』として自由な発想で活用できるよう環境を整え，授業をデザインすることが重要」と指摘されています。そもそも，なぜ学習には鉛筆やノートなどの文房具が必要なのでしょう。それについては，次の３点が挙げられます。①目に見えない思考を可視化する。②思考したことを記録し蓄積する。③思考したことを表現し他者と共有する。

音楽と ICT の関係においても，これと同様のことが言えるのではないでしょうか。①目に見えない音楽を可視化する。②自分が表現した音楽を記録し蓄積する。③音楽について思考したことを表現し他者と共有する。これらのことは，前掲した学習指導要領に示された「様々な感覚を働かせて～」ということとも，リンクするものだと言えるでしょう。

③で挙げた思考・判断し表現したことを他者と共有することは，令和答申で示された視点の一つである「協働的な学び」につながるものだと言えます。一方，もう一つの視点「個別最適な学び」においても ICT に寄せられる期待は大きいですが，「孤立した学び」に陥らないよう注意する必要があります。

また「個別最適な学び」のうち「指導の個別化」の側面としては，子ども一人一人の学び方を尊重することが求められますが，ICT についても，学びのツールの選択肢の一つとして，子どもが自分の学び方に合った活用を主体的に選び，「自由な発想で活用」しながら学んでいけるようにしたいものです。それが，子どもが自らのキャリア形成の方向性を見据えながら，自分にとって価値ある音楽の学びをつくり出していく「学習の個性化」にもつながるのだという見通しをもちながら，授業づくりに取り組むことが大切です。

（志民　一成）

小学校の音楽授業における ICT 機器の活用

できることからはじめよう

ICT の活用力は，先生によって様々です。まずは，汎用性のある活用方法を音楽の授業に応用することからはじめてみましょう。例えば「この曲の〈どの部分〉が好き」「その理由は」といった個々の考えを子どもがタブレット端末で入力し，その内容を先生が一覧にして提示する，といったことです。

その際，提示したことを基に，音楽を聴いて確認していく過程が重要になります。

自己の学習を振り返り，次につなげよう

自分（たち）の演奏（つくった音楽）をタブレット端末で撮影して視聴できるようにしましょう。演奏等を記録として残すことによってよさや課題を客観的に把握することが，学びの自覚と，次の学習への意欲をもつことにつながります。グループや学級全体の演奏は，子どもの了解を得て全体で共有し，自宅でも視聴できるようにしましょう。

自宅で演奏をじっくりと聴いて，次の学習に生かしたり，保護者が，実際の子どもの演奏を視聴したりすることもできます。保護者の肯定的な評価は，子どもが学びの価値を実感することにつながります。

ICT 教材をつくってみよう

知的理解に関する事項で大切にされているのが「音楽の構造」の理解です。ぜひ「音楽全体の構造」と「音楽の流れ」を同期させたICT 教材をつくってみましょう。例えば，$A^1-B-A^2-C-A^3$といった構造を横軸に示し，音楽の進行に合わせて，矢印のバーが右に移動し，今どこを演奏しているのかを，視覚から把握できる ICT 教材です。パワーポイントを活用して作成することもできます。

先生は，教材作成の過程で，音楽の構造に関する理解が深まり，指導のポイントが見えてきます。一方，子どもたちは，音楽全体との関わりの中で，各部分の特徴と変化を捉えるようになっていきます。

個別最適な学びを促そう

さらに，子どもが個々のタブレット端末を活用して自分のペースで学ぶことができるようにしましょう。これまでの鑑賞の授業は，長年，一斉にスピーカーから流れる音楽を聴く形で行われてきましたが，子どもによって学ぶペースも，こだわりのポイントも様々です。そのことを踏まえた活用の仕方を考えていくことが重要です。ただし，授業の最後は，個々の学びを共有した上で，全員で一つの空間で音楽を味わって聴くことを大切にしたいですね。

（津田　正之）

中学校の音楽授業における ICT 機器の活用

中学生の時期

　中学生は，自らの生き方を模索し始める時期と言われます。思春期の様々な葛藤の中で自分の個性や適性を見いだすことや，社会の一員として多様な他者と積極的に交流する体験を積み重ねていくことが，人としての成長につながっていきます。

　中学校の音楽科は，小学校での学びを基礎にしつつ，こうした発達の段階も踏まえた指導を行い，教科の目標を実現していくことが重要です。ICT 機器の活用がこのことに大きく貢献します。

中学校の音楽科の授業

　中学校の音楽科の授業では，感性や想像力を働かせて，子どもが曲にふさわしい表現などを考え，他者と協働しながら創意工夫して音楽で表す学習や，音楽の歴史的な背景や多様性などを理解して，自分にとっての価値などを判断しながら音楽を聴き，曲や演奏のよさや美しさを味わう学習が行われます。いずれにおいても，子ども自身が主体となって音や音楽に向き合い，音楽活動の喜びを実感できるようにすることが大切です。

ICT 機器の活用例

　ICT 機器の活用は，このような音楽の学習を充実するための手段です。例えば，先生が電子黒板等を用いて，文字・楽譜・写真の拡大，画面への書き込み，動画等を組み合わせて説明したり，子どもが 1 人 1 台の端末で情報収集，視聴，録音・録画，記譜等の機能を用いることを前提に，従前よりも教材や学習課題を幅広く提供・設定したりすることで，興味・関心や能力などに応じた意欲的で密度の高い学習を促すことが可能となります。

　さらに，高速大容量の通信ネットワークを生かしてクラウド上で各種のファイルを共有し，子ども同士で成果などを確認して，互いのよさなどを伝え合うことや，自分と他者の多様な考えを整理しつつ，作品や発表資料をつくる活動を行うことも，音楽の表現と鑑賞の学習を深めることに結びつきます。

　特に中学生は，前述したように社会の一員として多様な他者と交流する体験を重視する視点から，Web 会議システムを用いて他校の生徒と音楽活動で交流をしたり，音楽文化の伝承者などからお話を伺ったりする時間的・空間的制約を超えた学びを取り入れることも意義あることです。

（大熊　信彦）

Google Classroom

アプリはこちら↓

■ ア プ リ の 種 類　Web アプリ（各種 OS 用のアプリが提供されている場合もあります。以降同様です）
■ 内容・コンテンツ　学習管理アプリ
■ U　　R　　L　　https://classroom.google.com/

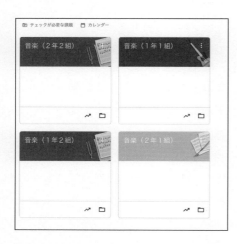

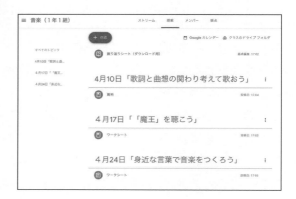

Google Classroom とは

Google Classroom（グーグル・クラスルーム）や No.2 で紹介する Microsoft Teams（マイクロソフト・チームズ）は，**学習管理アプリ**です。どちらもコロナ禍を経て，広く学校現場に普及したのではないでしょうか。どちらを採用しているかは，教育委員会や学校単位，または導入されている端末の OS によりますが，目的やできることは似ています。

Classroom には，オンライン版とモバイルアプリ版の両方が用意されており，様々な OS に対応したアプリが用意されています。子どもたちの学びの振り返りや協働的な学び，また，なにより先生の授業運営ツールとして，今後も授業で大いに活躍するアプリと言えます。

Google Classroom でできること

Classroom には，クラスや，クラスの一人一人の学習を管理する **Classroom** の他，書類を作成する**ドキュメント**，アンケートや課題，テストを作成する**フォーム**，またプレゼンや資料作成に活用できる**スライド**や，クラスで共有できる電子ホワイトボードの **Google Jamboard** といった機能があり，授業などで多く使われているようです。

先生は，クラスをつくり，課題（採点機能もあります）や資料の作成，管理をすることができます。お知らせを投稿したり，子どもの学習状況を把握したり，個別にコメントすることも可能です。また，成績管理もできます。子どもたちは，課題を確認したり，提出したりすることができますし，グループで共同作業することができます。　（瀧川　淳）

Microsoft Teams

アプリはこちら↓

- アプリの種類　　Webアプリ
- 内容・コンテンツ　学習管理アプリ
- U　　R　　L　　https://www.microsoft.com/ja-jp/microsoft-teams/

Part2
音楽授業に役立つアプリ紹介

Microsoft Teams とは

　マイクロソフト社の Microsoft Teams（マイクロソフト・チームズ）は，Google Classroom と同じように学習を管理できるアプリとして学校現場では広く普及しています。もともとは教育機関のみならず，業務効率化を図るため企業等で使用されているオンラインのコミュニケーション・ツールです。

　教育機関で使用されるものは，**Teams for Education** と呼ばれています。Teams は，Windows の PC やタブレットを使用している学校で採用されていることが多いようですが，PC 版アプリの他，iPadOS や Android 用のモバイルアプリ版も提供されています。Classroom と同じように，クラス（チーム）を設定し，課題の配布回収，採点等を実施管理することができます。

Microsoft Teams でできること

　Teams は，子どもの学習の管理はもとよりビデオ会議やチャットなども使用できます。これらは今後あまり使用する頻度は高くないかもしれませんが，オンライン学習管理ツールは，1人1台端末の時代には普段の授業でも大いに活躍するでしょう。

　チームを構成することで，例えば学級単位や学年単位，クラブ別，または教職員などの公務の単位でグループを構成することができます。またチーム内に複数のチャネルを構築できるので，例えば，教科ごとにチャネルをつくることが可能です。

　Teams の大きな特徴は，Microsoft Office（ワードやエクセル，パワーポイント，ワンノートなどのアプリ）との親和性の高さでしょう。

（瀧川　淳）

Microsoft PowerPoint

アプリはこちら↓

■ アプリの種類　　PC／タブレットアプリ
■ 内容・コンテンツ　プレゼン作成ツール
■ Ｕ　　Ｒ　　Ｌ　https://www.microsoft.com/ja-jp/microsoft-365/powerpoint

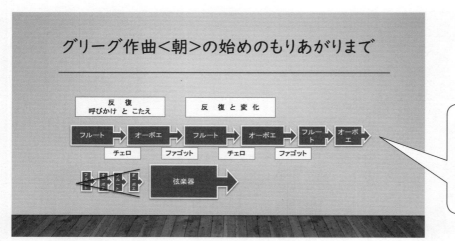

> パワーポイントは，用意された図形が多く，それの配置の自由度も高く，思い通りの資料をつくりやすいです。

Microsoft PowerPoint とは

　Microsoft PowerPoint（パワーポイント）は，マイクロソフト社が提供するプレゼンテーションアプリです。授業などはもとより，講演会や企業のプレゼンなどでも使用されている定番アプリと言ってよいでしょう。各種 OS の PC 版アプリ，モバイルアプリ，さらには（機能は限定されますが）オンラインアプリと様々な形で提供されています。

　このアプリは，スライドを作成して単に順番に表示していくという基本的な使い方以外にも実に多くの機能を備えています。特別支援教育で活用することを念頭にPowerPoint で作成されたスライドをたくさん提供している Teach U（NO.91）をぜひご覧ください。音楽授業に使えそうなテンプレートを見つけることができるでしょう。

Microsoft PowerPoint にできること

　まず基本的な使い方として，複数枚のスライドを作成して，教室の大型テレビなどにPC やタブレットを接続して順番に表示する方法があるでしょう。また**文字や画像にアニメーションを付けたり**，スライドに**音声や動画を貼り付けて再生**したりできる機能は，模造紙では実現することができない ICT 機器やアプリの大きなアドバンテージです。

　PowerPoint には，**ペンツール**が搭載されています。表示しているスライドに手書きで書き込むことができます。例えば，歌詞や楽譜を表示している場合には，スタイラスペンで，子どもの意見や創意工夫をスライドに自由に書き込むことができ，保存することも可能です。つまり学びの軌跡を容易に残すこともできるのです。

（瀧川　淳）

No.4 Google スライド

アプリはこちら↓

■ ア プ リ の 種 類	Web アプリ
■ 内容・コンテンツ	プレゼン作成ツール
■ U R L	https://www.google.com/intl/ja_jp/slides/about/

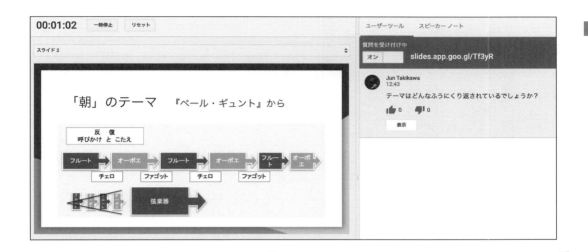

Google スライドとは

　Google スライドは，プレゼンテーション作成アプリです。Microsoft PowerPoint との大きな違いは，無料で使用できること，また基本的にオンラインで使用するアプリであることです。もちろん iOS 版と Android 版のアプリも用意されています。Google 社の他のアプリ（ドキュメントやスプレッドシートなど）や Google Classroom（No.1）との親和性が高く，また共同で作業することもできますので，例えば，各自のタブレットを用いてグループで発表スライドを作成することができます。PowerPoint のスライドを読み込むこともできます（完全な再現性はありません）。Chromebook や Classroom を使用していれば，ストレスなく活用できるアプリです。

Google スライドにできること

　PowerPoint にできるアニメーション機能など複雑なことはできませんが，スライドを用いた発表に必要十分な機能を備えています。スライドを作成するには，**白紙のスライド**の他，**用意されたテーマ**を使用することもできます。

　テキストボックスでテキストを挿入したり，**画像**や**音声**に**動画**を自由に挿入することができます。その他，**図形**や**表**，**グラフ**なども用意されています。

　ユニークな機能は，プレゼンテーション中の **Q&A** です。質問者が質問を入力し，それを全員で共有しながら，発表者はそれに対して回答することができます。また発表者の質問に回答者が投票（賛成または反対）することもできます。　　　　　　（瀧川　淳）

カメラ

■ アプリの種類　　プリインストールアプリ
■ 内容・コンテンツ　動画・画像撮影アプリ
■ U　　R　　L　　プリインストール

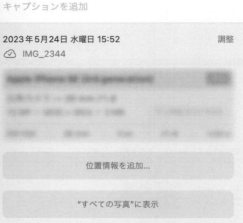

キャプションを追加

2023年5月24日 水曜日 15:52　　　　　　　調整
◇ IMG_2344

位置情報を追加...

"すべての写真"に表示

どの端末にもついているカメラ

　個人で所有しているスマートフォンなどでももっとも使用頻度の高いアプリのひとつが**カメラ**ではないでしょうか。

　カメラの機能は説明するまでもなく，**写真を撮る**ことです。その他に**動画**の撮影にもカメラを使用することが多いのではないでしょうか。最近のタブレットはほとんどインカメラを搭載していますから，インカメラにして，タブレットの画面を見ながら自分の様子を撮影することもできます。

　音楽の授業では，自分やグループ，クラスの演奏を撮影したり，音の素材となるものを撮影したり，楽器の細部を撮影，拡大して子どもたちに見せたり，色々な活用法が考えられます。何より，撮影したものを保存できるのがよいですね。

カメラの機能

　カメラは，シャッターアイコンをタップして写真や動画を撮影するだけではもったいないくらい多様な機能をもっています。

　例えば，**ピント**を合わせたい箇所をタップすれば，そこにピントが合うようになっていますから，より撮影者の意図に合う写真を撮影することができます。少し暗い，少し明るいと感じる場合には**露出**を調整してみましょう。教室全体を撮影したい場合には，**パノラマモード**を使用してみてはいかがでしょう。またほとんどのアプリは，撮影後にも，**色の調整**をしたり，余分な部分を**トリミング**したりすることができます。撮影した写真や動画には撮影時の日時がデータとして記録されますので，活動の記録としても活用できるでしょう。

（瀧川　淳）

No. 6 メモアプリ

- アプリの種類　プリインストールアプリ
- 内容・コンテンツ　メモアプリ
- Ｕ　Ｒ　Ｌ　プリインストール

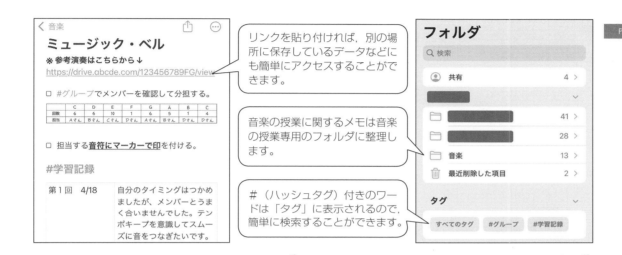

リンクを貼り付ければ，別の場所に保存しているデータなどにも簡単にアクセスすることができます。

音楽の授業に関するメモは音楽の授業専用のフォルダに整理します。

（ハッシュタグ）付きのワードは「タグ」に表示されるので，簡単に検索することができます。

ニーズに合わせて選べる機能

　ちょっとしたことを書き留めておける**メモアプリ**。テキストでも手書きでも入力できるので，小回りが利きます。写真やビデオ，Webサイトのリンクも貼り付けられ，文字入力をベースとしたフリーボードのような使い勝手です。もちろん，写真などの上からも文字を書き加えられます。スキャナ機能を使えば，紙の資料も綺麗に取り込むこともできます。

　情報をストックするだけでなく，ニーズに応じて体裁も変えられます。箇条書きリストや表は，考えを整理するのに便利です。**強調したい部分を太字にする**，大事な部分に下線を引くといったスタイルの変更も可能です。手書きの場合には，ペンの種類（ボールペン，蛍光ペン，鉛筆）や太さ，色を変えることができ，こだわりの note に仕上げられます。

note から memorandum に

　メモ（memorandum）には「共有するための情報」という意味があります。**メモアプリ**では，自分用 note としてつくったメモのコピー（またはスクリーンショットの PDF）を教師や仲間に送信することができます。また，メモを「**共同制作**」のモードにすると，複数の人で同時に編集し合えるようになります。

メモを活用するために

　#（ハッシュタグ）を付けて検索することもできますが，メモが行方不明にならないようにフォルダをつくっておくことをおすすめします。文書作成アプリさながらの機能を備え，その掛け合わせで活用の幅が広がる**メモアプリ**。学びを促す活用の仕方を学習活動とセットで探ってみましょう。　　　　（鶴岡　翔太）

MuseScore 4

アプリはこちら↓

■ アプリの種類　　PC アプリ
■ 内容・コンテンツ　楽譜制作アプリ
■ Ｕ　Ｒ　Ｌ　　https://musescore.org/ja

MuseScore の特徴

　無料で使える音楽制作アプリです。上記の楽譜は Windows のパソコンで作成し，MuseScore 用のクラウド上に保存しました。同じ ID とパスワードでログインすることで，iPad でも開くことができました。

　MuseScore 4 は2022年12月から公開されていますが，2023年 3 月現在で日本語訳がまだ不自然な部分があります。また，様々なタブレット OS 用のアプリが用意されていますが，無料で楽譜を作成するには，PC 版がおすすめです。

MuseScore で楽譜を作成する手順

　上記の楽譜は Windows のパソコンを用いて，次のような手順で作成しました。
①アプリを開き「新しいスコア」を選ぶ。

②鍵盤楽器からピアノを，擦弦楽器からコントラバスを選択する。
③「次へ」で次の画面に行き，調号，拍子，速度，小節数を選択し，タイトルや作曲者名を入力する。
④「完了」を押して，スコア画面で音符や休符，強弱やアーティキュレーションを入力する。

　入力時にも音が鳴りますが，折々再生して曲の流れを確認できます。

MuseScore を使う前に必要な知識

　手順②③④でわかるように，楽器や五線譜に関する知識が必要です。教材として使用する場合は，使い方の留意点などを示すと子どもたちが使いやすくなるでしょう。

　　　　　　　　　　　　　（酒井　美恵子）

No. 8 Padlet

アプリはこちら↓

- アプリの種類　　Webアプリ
- 内容・コンテンツ　掲示板アプリ
- U　　R　　L　　https://ja.padlet.com/

Padletでは，このように画面に投稿された作品が掲示されます。表示の仕方は，この他にも時系列に表示したり，世界地図上の該当する場所に表示させたりできます。

Part2　音楽授業に役立つアプリ紹介

Padlet（パドレット）とは

　Padlet（パドレット）は，オンラインの**掲示板アプリ**です。掲示板アプリというのは想像しにくいかもしれません。先生も教室後ろに子どもたちの作品を飾ることがよくあると思います。そのオンライン版です。

　教室の後ろに子どもたちの作品を貼り出すこととの大きな違いは，子どもたちの動画や音声も貼り出す（投稿する）ことができる点です。つまり，音楽の授業では，例えば，グループでつくった作品をタブレットなどで録画して投稿したり，合唱や合奏などを毎回録画して，それを時系列に投稿したりすることができます。先生や子どもたちは，投稿された作品を評価したり，コメントしたりすることも可能です。

　本アプリは無料版と有料版があります。

Padletにできること

　Padletでは掲示板にあたるものをボードと言います。このボード上に作品を投稿することで，投稿されたものすべてをまとめてみることができます。Padletのボードにはいくつかのテンプレートが用意されています。例えば，**ウォール**は，教室の掲示板のように作品を配置します。**キャンバス**は，作品をグループにまとめたり，つなげたりすることができます。**シェルフ**は，連なった列に作品を追加することができます。**タイムライン**は，作品を横線に沿って時系列に配置します。そして**マップ**は，地図上に作品を配置することができます。

　マップやタイムラインなどは，子どもたちの作品を掲示するだけではなく，先生の教材作成にも活用できると思います。（瀧川　淳）

Mentimeter

アプリの種類	Webアプリ	
内容・コンテンツ	リアルタイム・アンケート集計／表示アプリ	
U R L	https://www.mentimeter.com/	

この曲にぴったりの言葉を表から3つ選びましょう

やる気が出る
こわい・おそろしい
不気味な
ドキドキ・ハラハラ
力強い　不安
きん張する

図1．Word Cloud

この曲はどの季節を表していると思う？

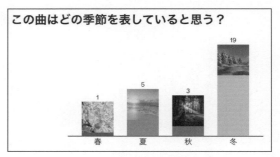

春　夏　秋　冬

図2．Scales／Ranking

Mentimeter とはなにか

　Mentimeter（メンチメーター）は，意見を集約するオンライン・プレゼンテーションアプリです。ホームページには，「Interactive Presentation Software」と表記されているように，インタラクティブ（双方向に作用する）であることに大きな特徴をもつアプリです。

　基本的には，先生が作成した質問に，子どもたちが各自のICT端末から答えを送信すると，リアルタイムに集計されて，それを全員で共有することができるアプリです。

　質問を作成する先生側は，無料版と有料版がありますが，質問に答える子どもは無料で，参加人数に制限もありません。

　色々な形で意見集約ができる，とても魅力的なアプリです。

Mentimeter でできること

　Mentimeterは，質問の方法が多彩で，また子どもたちから集約した意見を様々な形でプレゼンすることができます。集約はリアルタイムにアニメーションを伴って表示されるので，その都度，集計結果を確認しながら授業を進めることができますし，集計する時間を大幅に短縮することもできます。以下はプレゼン方法の代表的なものです。

Multiple Choice（複数の選択肢）
Word Cloud（答えの多い回答が大きく表示される，図1）
Open Ended（自由記述）
Scales / Ranking（回答の順位，図2）

　質問の内容に応じて，質問や集計結果の表示方法を変えてみるとよいのではないでしょうか。　　　　　　　　　　　（瀧川　淳）

No.10 ボーカルリムーバー

■ アプリの種類	Web アプリ	
■ 内容・コンテンツ	歌声分離アプリ	
■ U R L	https://vocalremover.org/ja/	

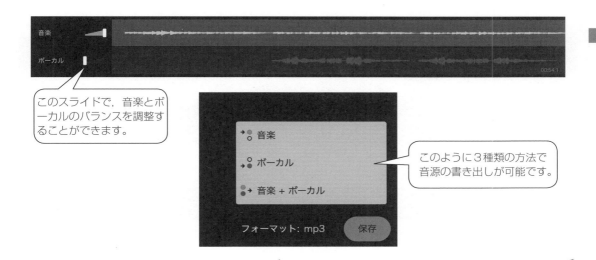

このスライドで，音楽とボーカルのバランスを調整することができます。

→● 音楽
→● ボーカル
→● 音楽 + ボーカル
フォーマット: mp3　保存

このように3種類の方法で音源の書き出しが可能です。

ボーカルリムーバーとは

　ボーカルリムーバーは，音源から声（ボーカル）と伴奏を切り離して，伴奏だけの音源を作成することのできる，オンライン上で提供される音源分離アプリです。

　AI（人工知能）の技術を利用して，楽曲のデータから声（ボーカル）と楽器を聴き分け，それらを分離させるのだそうです。ここに紹介したアプリは，分離した後に，カラオケバージョン（声なし）とアカペラバージョン（声のみ）のファイルを作成することができます。

　例えば，伴奏音源のない曲などは，ボーカルリムーバーを使って伴奏音源を作成することができます。また声のみの音源を作成することで，歌の表現の工夫により集中して聴くこともできるのではないでしょうか。

ボーカルを分離する技術

　AI（人工知能）の飛躍的発展により，これまで難しいとされてきたことがアプリで簡単にできるようになってきました。声と伴奏だけではなく，特定の楽器を分離させることができるアプリもあるようです。

　これらは有料版，無料版があり，またオンライン版のみならず，アプリ版も多数開発されています。ここでは，オンラインでできるものをいくつかを紹介します。

My Edit（https://myedit.online/jp/audio-editor/vocal-remover）

notta.（https://www.notta.ai/tools/online-vocal-remover）

　なお，これらの音源分離ファイルを授業で使用する際には，著作権等に十分留意しましょう。

（瀧川　淳）

オーディオカッター

アプリはこちら↓

- アプリの種類　　　Webアプリ
- 内容・コンテンツ　楽曲分割アプリ
- U　　R　　L　　https://vocalremover.org/ja/cutter

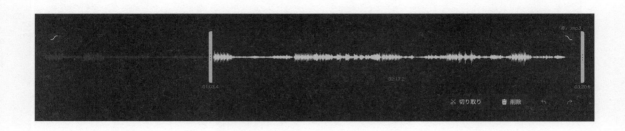

オーディオカッターとは

　オーディオカッターは，音声ファイルをトリミング（一部を切り取ること）したり，カットしたりするアプリです。これまでもオーディオ系のアプリで同様のことが可能でしたが，今回紹介するのは，オンライン上で，音声ファイルのトリミングやカットが可能なアプリです。インターネットに接続されていれば，アプリをインストールする必要がありません。

　どんな場面でこのアプリが活躍するでしょうか？

　例えば，子どもたちのとてもよい演奏が録音できたけど，前後に声が入ってしまった時には，その前後をトリミングすれば素敵な記録になるでしょう。また変奏曲では，変奏ごとのファイルを作成することもできます。

オーディオカッターの使い方

　オーディオカッターの使い方を説明します。まず編集したいファイルを読み込みます。

　ファイルを読み込むと，音声の波形が表示されます。この波形を参考にトリミングしたり，カットしたりする場所を決めます。左下には，再生（▷）アイコンがあり，音声でも場所を確認することができます。

　トリミングをするには，表示された波形の**両端にあるバー**をトリミングしたい場所までスライドさせるか，下の中央には「**開始値**」と「**終了値**」から時間を指定します。ちなみにトリミングした前後を**フェードイン・フェードアウト**することも可能です。

　トリミングやカットしたファイルはWAVかmp3形式で保存することができます。

（瀧川　淳）

オーディオジョイナー

アプリはこちら↓

■ アプリの種類　Webアプリ
■ 内容・コンテンツ　楽曲統合アプリ
■ Ｕ　　Ｒ　　Ｌ　https://vocalremover.org/ja/joiner

読み込んだファイルがこのように並びます。右側の上下の矢印で順番を入れ替えることができ，また一つ一つの音源は両端のバーでトリミングも可能です。

Part2
音楽授業に役立つアプリ紹介

オーディオジョイナーとは

　オーディオジョイナーは，複数の音声ファイルをつなぎ合わせることのできる Web アプリです。PC には，このような機能をもったオーディオアプリが以前からいくつかありましたが，ファイルの結合をオンライン上で処理できるようになったことで，インターネットに接続された端末であればいつでもどこでも音声ファイルをつなぎ合わせたファイルを作成することができるようになりました。これはとても便利だと思います。

　例えば，音楽劇や運動会用にいくつかの楽曲を集めてメドレーのように流す場合や，変奏曲の曲順をみんなで考えたり（No.82）する際に，オーディオジョイナーを活用することができるでしょう。

オーディオジョイナーの使い方

　オーディオジョイナーの使い方を説明します。

　つなぎ合わせたい音声ファイルを読み込むと，各ファイルの波形が表示されます。この中の波形をひとつ選択すると，表示が強調されて，右側の上下に矢印が表示されますので，この矢印をクリックすることで，ファイルの順番を入れ替えることができます。またファイルの両端のバーを移動することで，ファイルをトリミングすることができるので，必要な部分のみをつなぎ合わせることもできます。

　また保存しなくても再生することができるので，どんな感じでつなぎ合わさるかを確認しながら順番を変えたりすることもできます。

（瀧川　淳）

No. 13 iMovie

アプリはこちら↓

■ アプリの種類　プリインストールアプリ
■ 内容・コンテンツ　動画編集アプリ
■ U　　R　　L　https://www.apple.com/jp/imovie/

iMovie とは

　タブレットやスマホで動画や写真を撮影するだけではなく，それを編集してひとつの作品に仕上げるなんてことが，比較的簡単に，また自由にできるようになりました。そういった動画編集アプリが有料・無料で多く開発されています。

　iMovie は，iPad や iPhone にプリインストールされている純正の動画編集アプリ（無料）です。PC 版が発表されたのは1999年，そして iOS 版が発表されたのが2010年ですから，すでに開発から20年以上も改良が重ねられているアプリで，純正アプリであることから他の純正アプリ（写真やカメラ）との親和性は折紙付。iPadOS 版は，直感的なタッチ操作で動画を作成できますので，教材づくりや授業でぜひ活用してみてください。

iMovie にできること

　動画編集アプリは，撮影した動画を編集して，ムービーのような動画を作成することが基本的な機能です。例えば，以下のようなことができます。

・動画のトリミング，複数動画をつなげる
・字幕やタイトルの挿入
・BGM などの挿入
・トランジション効果などの追加

　動画のみならず，写真を並べてスライドショーのようなムービーを作成することも可能です。子どもたちの演奏音源を BGM にして，写真や動画として撮り溜めした1年間の活動の軌跡をまとめ，それにタイトルや字幕をつければ，子どもたちの記憶に残るムービーをつくることができます。

（瀧川　淳）

Microsoft Clipchamp

アプリはこちら↓

■ アプリの種類　Web アプリ
■ 内容・コンテンツ　動画編集アプリ
■ U　　R　　L　https://clipchamp.com/ja/

Microsoft Clipchamp とは

　Microsoft Clipchamp（マイクロソフト・クリップチャンプ）は，マイクロソフト社が提供し，Windows 11から Windows PC（タブレット含む）に標準でインストールされている動画編集アプリです。

　できることやアプリの目的は，前項で紹介した iMovie（iPad, iPhone, Mac 専用アプリ）とほぼ同じです。しかしより優れている点は，インストール版の他，Web アプリとして無料で提供されている点です（無料版で動画をエクスポートする場合には「Clipchamp」の透かしが動画の右下に入ります）。つまり，Chrome OS でも iPad でもインターネットブラウザ上でこのアプリを使用することが可能です。なお，使用するには，アカウントを作成する必要があります。

Microsoft Clipchamp にできること

　Clipchamp の面白い機能としては以下のようなものが挙げられます。

・様々なオンラインストレージに対応している（例えば，Google Classroom で保存した写真や動画も直接インポートすることができます）。

・テキスト（文字データ）を AI ボイスナレーターに語らせることができる。

・PC やタブレットの画面を録画したり，PC やタブレットに付いているカメラから直接動画を記録できる（例えば，スライドと自分の姿を同時に撮影することができます）。

　これらの機能を使うことで，これまでにない作品や教材をつくることもできるでしょう。

（瀧川　淳）

Google フォト

アプリはこちら↓

■ ア プ リ の 種 類　Web アプリ
■ 内容・コンテンツ　動画・画像管理編集アプリ
■ Ｕ　　Ｒ　　Ｌ　https://photos.google.com/

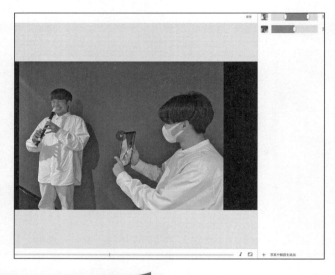

Google フォトとは

　Google フォトは，Google 社が提供する写真や動画を保存するオンラインストレージアプリですが，簡単な動画編集もできます。

　Google フォトは特に Google 社の Chrome OS を搭載している Chromebook との親和性が高いです。Chromebook は学校で多く使用されているので，ストレスなく使用することができるでしょう。

　先に紹介した Microsoft Clipchamp も Web アプリなので Chrome OS でも使用することはできますが，動画編集はマシンパワーを必要とします。端末の性能によっては，動画編集に不向きかもしれません。その際には，ぜひ Google フォトの動画編集機能を使って，ムービー等の作品をつくってみるのはいかがでしょうか。

Google フォトにできること

　撮影した動画の編集は，編集したい動画を開いてから，編集アイコンをタップします。**トリミング**や**音声のミュート**，**手ぶれ補正**などの編集が可能です。また**動画の回転**や，**効果の追加**，さらには，**フィルタ**や**描画**を追加することもできます。

　複数の動画や写真から作品（ムービー）をつくるときには，メニューのユーティリティから新しいムービーをタップします。次に作品に含めたい写真や動画を選択しムービーを作成し保存します。その後，保存された作品を選択し，編集アイコンをタップすることで，クリップを並べ替えたり，音楽を変更したりすることができます。

（瀧川　淳）

YouTube

アプリはこちら↓

■ アプリの種類　Webサイト
■ 内容・コンテンツ　動画配信サイト
■ U　　R　　L　https://www.youtube.com/

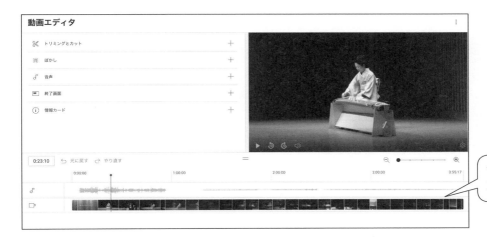

YouTube の動画エディターの画面

YouTube とは

　知らない人はいないと思われるインターネット上で最も有名なサイトのひとつと言ってもよいのではないでしょうか。YouTube は**オンライン動画共有サイト**です。

　このサイトにアップされている世界中の動画を見ることができますし，またログインすれば，自分の動画をアップすることもできます。

　自分の動画をアップする際には，**非公開・限定公開・公開**を選ぶことができます。非公開は，作成者が招待しなければ見ることができず，限定公開は動画の URL を知っている人だけが見ることのできる設定です。そして公開はセキュリティのない状態です。

　YouTube には**動画エディタ**もあり，動画を編集することもできます。

YouTube でできること

　YouTube には，個人が動画を発信するほか，アーティストやクリエイター，また，例えば，音楽団体や音楽レーベルなどが**YouTube チャンネル**として発信しています。ログインしていれば，個々の動画の URL を保存できる他，教材となりそうな YouTube チャンネルを登録することもできますので，授業でもすぐに目的の動画にアクセスすることができます。

　また YouTube は動画視聴に関して，とても多くの機能をもっています。授業に役立ちそうなものとしては，**再生速度の変更や字幕表示**があります。例えば，再生速度を遅くすることで動画に合わせて練習できたり，字幕を表示することで海外の動画を授業で活用したりできるでしょう。　　　　（瀧川　淳）

アプリの種類	PCアプリ
内容・コンテンツ	音楽制作アプリ
U R L	プリインストール

※何れもイメージ図

音量	楽器の種類									
─○	平太鼓	■					■	■	■	■
─○	締太鼓	■					■	■	■	■
─○	鉦						■	■	■	■

音素材を「ルーパー」に割り当てて演奏する

音量	楽器の種類	
──○	唄1	〜〜〜〜
──○	唄2	〜〜〜〜
──○	三味線	〜〜〜〜
──○	太鼓	〜〜〜〜
─○	笛	〜〜〜〜
─○	鉦	〜〜〜〜
─○	笛	〜〜〜〜

音素材を「重ねて」音楽をつくる

GarageBand とは

　MacOS／iOS用で使える**音楽制作（DTM）アプリ**です。プロのミュージシャンでなくても簡単に音楽制作ができることを目指したアプリで，その点で初心者向けと言えます。

　端末をつくっている会社が開発していること，**常に機能がアップデートされていくこと**，**無料**であることは大きな強みだと思います。

GarageBand でできること

　このアプリひとつで**演奏，録音，外部から取り込んだ音源を編集**することができます。それらの組み合わせ（重ねる）によって**作曲**もできますし，音素材を「**ルーパー**」のセルに割り当て，DJのように**即興的に組み合わせて音楽をつくる**ことも可能です。

　さらにそれを**音源として出力**することもできる，オールインワンのアプリです。

　録音に関しては次の方法があります。
・生演奏をマイクで録音（音色の加工も可）
・アプリ上の楽器やルーパーでの演奏を録音
・サンプリングして音色として使用

　外部音源と生演奏の録音は，トリミングや複製・結合が容易にできます。アプリ上での録音は，さらに音高や長さ，音量，音色等を詳細に編集することも可能です。

　創作の授業で子どもが用いたり，歌唱・器楽・鑑賞の手助けとなる教材を教師が作成して配付したりできます。

　初心者向けとはいえ，多機能なので，学習活動に応じて適切な「制限」「活動の枠組み」を設定することが大事です。

（中島　千晴）

No. 18 録音

- ■ アプリの種類　　Web アプリ
- ■ 内容・コンテンツ　録音アプリ
- ■ Ｕ　Ｒ　Ｌ　　https://vocalremover.org/ja/voice-recorder

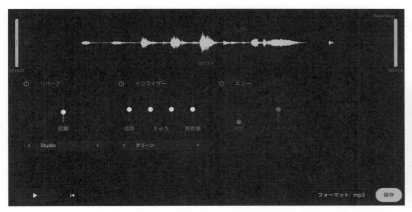

録音（Voice-recorder）とは

　ここで紹介する録音（Voice-recorder）は，オンライン上で音声を録音するアプリです。オンライン上で録音することに心配される先生もいらっしゃると思いますが，このサイトでは収録した音声をサイトのサーバーにはアップロードせず，タブレット上で処理することでプライバシーとセキュリティを保証しています。

　録音は，タブレットのマイクを使用できる他，外付けのマイクにも対応していますので，ステレオ録音も可能です。

　録音後，修正を加えた音声ファイルは，WAV もしくは mp3 形式で保存することが可能です。保存しなくても再生が可能なので，気軽に何度も試し録りをして，自分たちの演奏を客観的に確認することができます。

録音（Voice-recorder）にできること

　たいていのタブレットには録音するためのアプリがプリインストールされていますが，この録音（Voice-recorder）は，直感的な操作性を保ちつつ，とても多くの機能をもっています。

　録音前は，マイクの設定の他，**オートゲイン**，**ノイズ制御**，**エコーキャンセル**機能のオンオフを設定できます。

　録音後は，録音した素材を**トリミング**できる他，**リバーブ**（プリセットで，スタジオ，大きな部屋，ホールがあります），**イコライザー**（ベース，表現力，明るい，ロック）やエコーのオンオフが設定でき，またこれらの設定はプリセットで一発調整できる他，微調整も可能です。

（瀧川　淳）

No. 19 カラオケ録音

アプリはこちら↓

アプリの種類	Webアプリ
内容・コンテンツ	伴奏に合わせて録音するアプリ
U R L	https://vocalremover.org/ja/karaoke

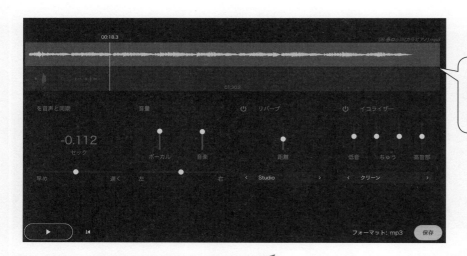

伴奏音源（上）も録音したボーカル（下）も波形で表示されます。

カラオケ録音とは

No.18で録音（Voice-recorder）を紹介しましたが，**カラオケ録音**も似たような機能を持ったWebアプリです。

カラオケのカラは「空」，そしてオケは「オーケストラ」の略だそうですが，それの発祥は諸説あるようです。しかし外国でもKaraokeと言えば，伴奏音源に合わせて歌うことと認識されるように，日本発祥の世界中で親しまれている音楽文化のひとつです。

このアプリは，まさに伴奏に合わせて歌い，それを録音することのできるオンラインアプリです。例えば，教材曲の伴奏音源に合わせて歌ったものを再生して振り返るなんてことが一人一人の端末でできます。なお，歌を録音する際には，伴奏音源はイヤホンやヘッドフォンを使用しましょう。

カラオケ録音にできること

このアプリは，録音（Voice-recorder）と同じシリーズです。ですから同じように，録音したボーカルを調整することができます。**リバーブ**には，スタジオ・大きい部屋・ホールの3種類のプリセットが用意され，**イコライザー**には，クリーン・ベース・表現力・明るい・ロックの5種類用意されていて，細かい調整もある程度可能になっています。

カラオケ録音独自の機能として，ボーカルと音楽（伴奏）の**音量バランス**が調整でき，伴奏とボーカルを**同期**させる機能を搭載しています。単に伴奏に合わせて録音するだけでなく，録音したものを調整し書き出すことができるのはこのアプリの大きな特徴と言えます。プロの歌手のように歌を発表する気分を味わうこともできるでしょう。　（瀧川　淳）

おんぷノート

アプリはこちら↓

- アプリの種類　　タブレットアプリ
- 内容・コンテンツ　楽譜作成アプリ
- U　　R　　L　　https://cm.kawai.jp/sc/products/note/

おんぷノートとは

　おんぷノートは，株式会社河合楽器製作所（KAWAI）が提供する手書きで楽譜が書ける無料のアプリです。対応するOSは，iOS/iPadOSのみとなっています。

　指やタッチペンを使って，ただディスプレイ上の五線に手書きができるというだけではなく，手書きした音符がきれいな音符や記号にすぐに変換され，また子どもが書いた音符は再生されるという特徴をもっています。

　音符や記号の書き方は少し独特ですが，KAWAIのホームページから書き方や使い方をまとめたシートを無料でダウンロードすることができます。

　なお，高機能版でスコアの作成や歌詞の入力のできる**タッチノーテーション**（有料）もあります。

おんぷノートにできること

　ツールバーの左上（＋）をタップして，新規の楽譜を作成します。新規作成画面では，小節線のある・なし，パート数（4パートまで），テンポや調号，拍子を設定することができます。

　決定すると，設定した楽譜が表示されるので，五線に音符を書き入れていきます。

　記入した楽譜は再生することもできます。ツールバー中央にある再生ボタン（▷）をタップすると演奏が開始されます。またその右隣にあるバーで速度を変えることもできます。

　演奏できる音色も豊富に用意されており，鍵盤楽器，ギター，管楽器，日本の楽器の他，小学校で使用される楽器の音色などが34種類用意されています。

（瀧川　淳）

No. 21 Song Maker

アプリの種類		Webアプリ
内容・コンテンツ		オンライン音楽制作アプリ
U R L		https://musiclab.chromeexperiments.com/Song-Maker

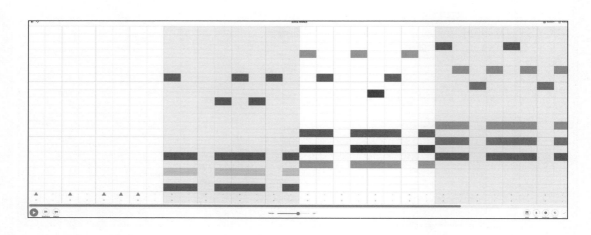

アプリの概要

　Song Maker（ソングメイカー）は，Google 社が提供する14の無料の音楽 Web アプリ集「Chrome Music Lab」のうちのひとつです。本アプリは，タップのみで音の入力・削除，音色の選択ができ，操作性に優れている点，入力した音がすぐに再生される点，五線によらないでドが赤，レが橙，ミが黄……といったように音高が色別に示される点，つくった作品が Web 上に保存され，与えられた個別の URL からどの端末でも再生や修正ができる点など音楽教育，学校教育で扱いやすい特徴を備えたアプリです。音色は，マリンバ，ピアノ，ストリングス，クラリネット，シンセサイザー，ウッドブロック，ドラム，コンガから選べます。一方で，強弱やタイを伴うリズムが設定できないなどの制約

もあります。学習課題や条件設定，評価規準の設定が肝要です。

音楽づくり・創作の授業づくりに

　このアプリは，ゼロからつくる活動はもちろん，先生があらかじめ伴奏や旋律等を入力した雛型に子どもが書き足していくような活動も向いています。

　また，つくった作品を演奏するのに，演奏の技能は不要であることから，跳躍音程が面白い作品，色や形から発想を得た作品など，生楽器を使った時には思いつかないような作品が生まれることもあり，創作の幅を広げることができるでしょう。

（松長　誠）

BandLab

■ アプリの種類　　Webアプリ
■ 内容・コンテンツ　オンライン音楽制作アプリ
■ Ｕ　　Ｒ　　Ｌ　　https://www.bandlab.com/

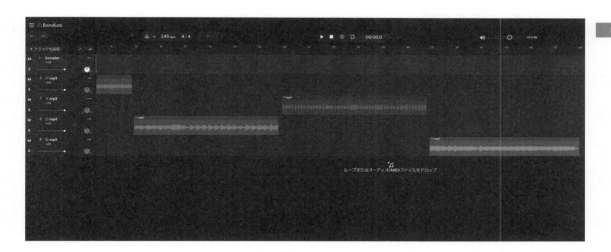

DAWについて

　BandLabは，DAW（Digital Audio Workstation）と呼ばれるWebアプリです。DAWでは，音楽を並び替えたり，重ね録りをしたり，音源の一部分をカットしたり，リバーブ（残響）などの音響効果を追加したりすることができます。また，100種類を越える演奏フレーズや楽器の音色も内蔵されており，音楽づくり・創作でも活用できます。

　BandLabは，Webアプリであることから端末種類を問わず動作する点や，クラウド上に作品が保存される点，無料で利用できる点で活用しやすいアプリと言えます。また，専門的なDAWと比べれば操作性が易しいことも，学校教育で活用しやすい点です。

新しい学ばせ方のツールとして

　DAWは，歌唱・器楽・音楽づくり・創作，鑑賞，様々な活動に活用できます。歌唱では，多重録音を活用することで一人でも合唱練習することができます。器楽では，パート毎に録音したり聴いたりすることによってパートの役割を理解するのに役立ちます。音楽づくり・創作では，アプリに内蔵されているフレーズやリズムを組み合わせることで音楽をつくることができます。鑑賞では，変奏曲を聴取する際に，楽曲の並び替えを考えながら聴くことで作曲者の意図が見えてきます。

　BandLabを活用することによって，新しい音楽の学ばせ方が広がります。

（松長　誠）

Scratch

■ ア プ リ の 種 類　　Web アプリ
■ 内容・コンテンツ　　プログラミング
■ U　　R　　L　　https://scratch.mit.edu/

図1．拡張機能の音楽

図2．スプライト（一部）

図3．音楽（一部）

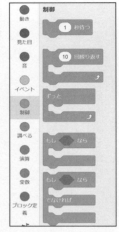

図4．制御（一部）

Scratch とは

　Scratch（スクラッチ）は，アメリカ合衆国の MIT（マサチューセッツ工科大学）のメディアラボが開発したソフトで，世界中の学校などでプログラミング学習に活用されています。プログラミングとは，コンピューターに様々なことを自動的に実行させるための命令です。スクラッチは，「ビジュアルプログラミング」という形式で，プログラミングの命令をイラストに置き換えるという特徴をもっています。目で見てわかりやすいプログラムを組むことができるため，「トライアル & エラー」（試行錯誤）を繰り返す中で，プログラミング的思考を育むことができるでしょう。映像と音楽を組み合わせた作品をつくることにも適しています。

音楽のプログラミング

　「拡張機能」から「音楽」を選択し（図1），音価，音高，音色，速度，重なりなどをプログラムすることができます。「スプライト」（動かす対象のイラスト）（図2）と音楽的な要素の命令を組み合わせることで，簡単に音楽のプログラムをつくることができます。旋律をプログラムして楽器を選択したり（図3），繰り返しなどの制御機能を挿入したりします（図4）。これらを複数コードとしてまとめたり，複数のパートを同時進行させたりしながら，難易度の高い曲をつくることも可能です。このような活動を通して，音楽的な概念について理解していくことができます。

（桐原　礼）

No.
24

Music Blocks

アプリはこちら↓

■ アプリの種類	Webアプリ
■ 内容・コンテンツ	プログラミング
■ U R L	https://gakken-steam.jp/music_blocks/

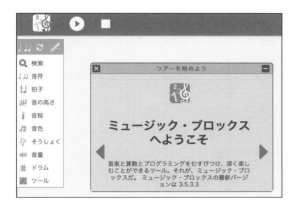

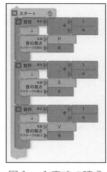

図1.1音ずつ鳴らす

図2.和音で鳴らす

プログラミングで音楽づくり

Music Blocks は音楽づくり・創作活動が行える**ビジュアル・プログラミング言語**です。音を鳴らすための命令が書かれた**ブロック**をつなぎ合わせて,音楽を演奏するプログラムをつくります。例えば,「スタート」ブロックの中に「音符」ブロックを入れ実行すると,「音の高さ」ブロックで指定した音が鳴ります。**図1「1音ずつ鳴らす」**で示したプログラムを実行すると,ド,ミ,ソの音が順番に演奏されます。また,「音符」ブロックの中に「音の高さ」ブロックを複数つなぐことで和音をつくることができます。**図2「和音で鳴らす」**で示したプログラムを実行すると,ド,ミ,ソが同時に演奏されます。他にも,表現記号に関わるブロックが多く用意されている点も特徴です。

Music Blocks は,Web ブラウザ上で動作するオンライン版と,ダウンロードして動かすオフライン版があり,それぞれ無料で使用できます。ただし,オフライン版は学校関係者のみが対象となっています。

学研によるカリキュラム例の提示

Music Blocks をプログラミング教育やSTEAM 教育で活用するために,学研は学校関係者向けに小学校音楽科や算数科,クラブ活動での活用を想定したカリキュラムや操作を覚えるためのマニュアル等を無償で配付しています。本ページの URL で示したMusic Blocks のホームページの「Music Blocks オフライン版とカリキュラムのダウンロードはこちら」よりダウンロードの申し込みができます。

(長山　弘)

アプリはこちら↓

■	ア プ リ の 種 類	Web アプリ
■	内容・コンテンツ	プログラミング
■	U　　R　　L	https://tec-mu.com

⏱速度	♡拍の数	↕全体の音の高さ	ᴬᴵᴵ音階
140	4	0	設定画面の表示

🕒 00 : 00　　　　　　　　⏸ 2 ■■□□

パターン 1　🎵音色＝ピアノ　　↕音の高さ　＋音を増やす　○休符を増やす　✕コンピュータにまかせる

🗑パターン1を削除		0	4	7	5	4	2	0	2
		⊖	⊖	⊖	⊖	⊖	⊖	⊖	⊖
📄パターン1をコピー	↕オクターブ＝0	←	←	←	←	←	←	←	←
		→	→	→	→	→	→	→	→

↔音の長さ

🔊音の大きさ＝80	1/2	1/2	1/4	1/2	3/4	1/2	1/2	1/2
	←	←	←	←	←	←	←	←
	→	→	→	→	→	→	→	→

パターン 2　🎵音色＝ドラム（スチール）　↕音の高さ　＋音を増やす　○休符を増やす　✕コンピュータにまかせる

🗑パターン2を削除		-12	-8	-10
		⊖	⊖	⊖
📄パターン2をコピー	↕オクターブ＝0	←	←	←
		→	→	→

↔音の長さ

🔊音の大きさ＝80	1.5	1.5	1.5
	←	←	←
	→	→	→

鳴らす音を選ぶ⇔聴く

Tec-Mu は，**ライブ・コーディング**の考え方を取り入れた音楽づくり・創作活動のための Web アプリです。ライブ・コーディングとは，プログラムを即興的に作成・編集する表現行為のことですが，ここではアプリを即興的に操作して音楽をつくることを指します。

多くの音楽づくり・創作アプリでは，演奏者は鳴らしたい音を選び，再生ボタンなどを押して音楽を演奏し（聴き），再び鳴らしたい音を考える，という過程を繰り返します。それに対して Tec-Mu では，鳴らしたい音を選ぶとすぐさま音楽が演奏され，次の音を考える過程に移るため，演奏者の試行錯誤を促し，俊敏さを伴った活動をすることに向いています。

Tec-Mu は無料で公開されており，インターネットに接続し，Google Chrome などの Web ブラウザを使うことができる環境であれば，誰でも利用することができます。

音楽をつくっている過程を共有する

ライブ・コーディングにおいて，音楽をつくるプログラムはスクリーン等を通して聴き手と共有されます。それにより，聴き手は音楽とプログラムとの因果関係を知ることができます。Tec-Mu においても演奏者の操作画面を電子黒板などに投影し教室全体に共有することで，演奏者だけでなく，聴き手役の子どもの学びにもつながることが期待できます。

（長山　弘）

No. 26 ロイロノート

アプリはこちら↓

■	アプリの種類	Webアプリ
■	内容・コンテンツ	学習管理アプリ
■	U R L	https://loilonote.app/

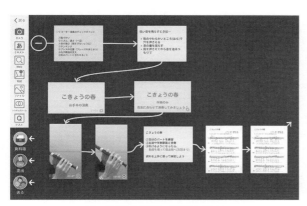

図　音源や動画，楽譜を配付

6年3組 音楽会パート

ソプラノリコーダー	3	A	B		C	
鍵盤ハーモニカ	5	D				
ソプラノアコーディオン	4	J	E		F	G
アルトアコーディオン	4					
テナーアコーディオン	4	H				
バスアコーディオン	4					
バスマスター	1	I				
鉄琴	2					
木琴	2	K	L			
小太鼓	1					
大太鼓	1	M				
シンバル	1	N				
ティンパニ	1	O				
ピアノ	1	P				

図　「共有ノート」で同時作業

ロイロノートとは

　Web上やタブレット端末等で使える**クラウド型の授業支援アプリ**です。アプリ自体は無料ですがアカウントが有料となっています。

ロイロノートでできること

①情報を盛り込んだ「カード」を作成する
　・テキスト（打ち込み）
　・手書き
　・Webページ（URL埋込）
　・動画，音声，写真，PDF
　　※録音・録画・撮影ができます
　　※これらを組み合わせられます
　　※カード内にカードを入れることも可
　　※すべて無制限のクラウド保存
　この他に次のようなことができます。
②カードをつなげてプレゼンテーション
③シンキングツールで思考整理
④カードを一斉／個別に配付
⑤画面配信（共通の資料を複数端末で見る）
⑥画面上で提出物を回収・添削
⑦提出物を一覧表示
⑧生徒同士で提出物などの回答共有
⑨共有ノートで同一カードに同時に書き込み
⑩簡単なアンケートやテスト（クイズ）作成
⑪自動採点・自動集計

　このようなことができますので，音楽の授業での活用場面は多いです。特に動画・音声は既成の音源を貼り付けて，再生速度を50%から倍速まで，いくつかの段階で調整できます。音程が変わらずに再生されるので，とても重宝します。

（中島　千晴）

※ロイロノート・スクールが正式名称ですが，本書では現場でよく使われる通称で表記します。

音楽授業に役立つアプリ紹介

Part2

熊本市教育センター オリジナルデジタル教材

アプリはこちら↓

アプリの種類	Webアプリ	
内容・コンテンツ	音楽学習アプリ	
U R L	http://www.kumamoto-kmm.ed.jp/kyouzai/web/tab_menu1.htm	

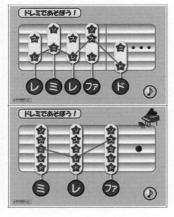
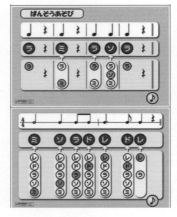
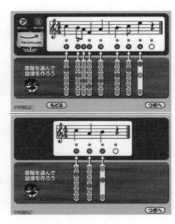

出典：e-net（熊本市地域教育情報ネットワーク）http://www.kumamoto-kmm.ed.jp/

教育センターがつくるオリジナル教材

多くの教育委員会や教育センターが，授業に生かせるICT教材やICTを活用した授業方法を積極的に発信しています。興味のある先生は『1人1台端末でつながる！音楽授業のICT活用ハンドブック』（瀧川淳編著，明治図書，2022.2）に音楽授業とICTとの関わりを発信している教育委員会，教育センターのリストをまとめていますのでご覧ください。

ここで紹介する熊本市は，2018年9月からタブレット（iPad）を大規模導入しており，それ以降ICT機器を活用した授業実践を積極的に開発実践し，カリキュラムモデルなども提案しています。また，授業で使うことのできるオリジナル教材を作成，配信しています。

音楽教材

熊本市教育センターのオリジナルデジタル教材には，普段の音楽授業で活用できそうなアプリがいくつかアップされています。

デジタルタイマーやすることリストタイマーなどは，音楽の授業のみならず他教科でも学習の時間管理に活用できるでしょう。

音楽に特化したアプリはドレミで遊ぼう（旋律遊び），ドレミで遊ぼう（旋律遊び）V3，ドレミで遊ぼう（伴奏遊び），旋律づくり，日本の音階で旋律づくり①②などが開発されています。

いずれもWebアプリなので，タブレットのブラウザでURLを読み込むことで体験することができます。主に小学校の音楽づくりの授業で活用できるアプリでしょう。

（瀧川　淳）

HP のモデル演奏を生かしてみよう

- アプリ名　フラワービート（HP）
- 領域等　表現（器楽），鑑賞
- URL　https://www.flowerbeat.net/idea

①教科書バージョンを見てみよう！

　フラワービートのみんなはクラベスやギロをどんなふうに持っているかな？カホンってどんな楽器？ボンゴやコンガはどんな鳴らし方をしているかな？どんな感じでノッているかな？など，演奏を見ながらみんなで気付いたことを話し，真似をしてみます。そして手拍子や身体でリズム打ちをしてみましょう。

②ちょいむずバージョン！

　ギロのこする方向が少し変化します。クラベスは３-２のリズムの前半と後半が反対になります。（動画参照）カホンも複雑なリズムになります。ボンゴも細かいリズムになります。どこがどう変わったかを見つけ，どちらのリズムが好きか，やってみたいか，といったようなことを発表するのもいいですね。

③チャレンジバージョン！

　好きなように演奏してみよう！というコンセプトでフラワービートのメンバーが演奏したチャレンジバージョンです。複雑でかっこいいリズムをノリノリで演奏しています。映像を見ることで，小物打楽器が単純な音を出すだけの楽器でなく，奥が深い表現ができるということを感じてもらえたらうれしいです。

④リズムをつくってみよう！

　①～③の演奏を参考にして，自分の好きな楽器でお気に入りのリズムをつくってみましょう。４拍か８拍くらいの短いパターンをつくって友達と複数の楽器で組み合わせるときっと楽しい音楽をつくることができるでしょう。その様子をiPad等で撮影し，客観的に見るのも学びになりますね。　（山本　晶子）

YouTube を参考に
ことばと打楽器の音色を組み合わせよう

■ ア プ リ 名　あっこ先生のリズム教室（YouTube チャンネル）
■ 領 域 等　表現（器楽）
■ U R L　https://youtu.be/XFeYHol57dM

あっこ先生のリズム教室

リズム譜とことば

　楽譜が苦手な子も理解しやすいように，リズム譜をことばと共に載せてみました。これは，子どもたちにとって覚えやすいと先生方から好評です。このリズム遊びに慣れていくと，楽譜への苦手意識や読譜のハードルが下がり，いつのまにか音符や楽譜を読めるようになっていきます。

リズム唱の有効性

　子どもたちの好きな食べ物や誰かの名前や曲にまつわる言葉など，先生と子どもたちがコミュニケーションを取りやすい自由な言葉をリズムに乗せると，リズムが身近なものとなります。リズム唱にして音楽を楽しめるということが打楽器を用いるリズム教育をより楽しいものにします。

手元や全身がアップで見える

　映像の強みとして，画面に手元の様子や全身を映すことができ，教室や音楽室の大きなテレビやタブレットでも見やすくなります。また，気になるところで一時停止させたり，何度も繰り返して見たりすることもできます。指の動かし方や表現するための身体の使い方は，奏法や音色の工夫のヒントにもなるでしょう。

音楽づくりに応用

　身体の部位によって音色や音量が違うことがわかったら，好きな言葉をあてはめてリズムをつくり，身体のどこでそのリズムを鳴らすかを決めていきます。音の重なりやリズムの対比などの要素を加えて素敵な音楽をつくりましょう。　　　　　　（山本　晶子）

Tec-Mu でティンカリングを体験しよう

アプリはこちら↓

■ ア プ リ 名　Tec-Mu（テクミュ）
■ 領 域 等　表現（音楽づくり，創作）
■ U R L　https://tec-mu.com

「コンピュータにまかせる」を押すと
音をランダムにつくります。

↕ 音の高さ	➕ 音を増やす	⏸ 休符を増やす	🔀 コンピュータにまかせる
-8	-6	-11	1
➖	➖	➖	➖
←	←	←	←
→	→	→	→

↔ 音の長さ			
1/2	1/4	1/2	1
←	←	←	←
→	→	→	→

タブレット端末などより音を**入力**

複数のイヤフォンなどへ
同時に**出力**

様々な機能を自由に試してみる活動

　Tec-Mu は，「いじくりまわすこと」を指すティンカリングの概念を意識して開発されました。授業で Tec-Mu を用いる場合には，先生が「まず○○を押してみましょう」などといった具体的な指示をするのではなく，子どもに自由にいじくりまわす時間を十分に確保することが大切です。それにより，どこを操作するとどのように結果（音楽）が変わるのかを体験・理解することができます。

　ティンカリングを促すために Tec-Mu には次の操作に迷った時のためのヒントが表示されています。

　他にも「コンピュータにまかせる」ボタン（図左）を選ぶことで，音をランダムにつくる機能も備えています。例えば，コンピューターにランダムに音を作成させてから，それ

を編集する過程で，自分がよいと思う旋律を見つける活動も考えられるでしょう。

友達の操作を通して発想を得る

　子どもが十分にティンカリングを体験することができたら，次に班活動や教室での発表活動などを通して，自分の操作する様子を友達に紹介したり，友達の操作する様子とつくられる音楽を聴いたりしてみましょう。自分とは異なる操作方法を体験することを通して，自分一人では気付かなかった発想を得ることができるでしょう。

　なお，班活動においてひとつの音楽を複数人で共有する場合には，スプリッター（図右）を使うと便利です。

（長山　弘）

Tec-Mu でライブ・コーディングしよう

- ■ ア プ リ 名 Tec-Mu（テクミュ）
- ■ 領 域 等 表現（音楽づくり，創作）
- ■ U R L https://tec-mu.com

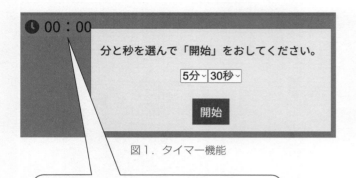

図１．タイマー機能

図２．教室の電子黒板に
画面を投影した様子

> 「時計」を選び「分」「秒」を指定して
> 「開始」を押すとタイマーが動き始めます。
> ０になると演奏が止まります。

タイマー機能を用いた活動

　Tec-Mu の操作が理解できたら，**タイマー機能（図１）**を用いて「**○分の音楽をつくる**」活動に取り組んでみましょう。

　タイマー機能を用いた活動では，あらかじめ決めた時間のなかでどのように音楽をつくるかを意識することがとても大切です。最初はどのような音からはじめるのか，途中はどのように変化させるのか，最後はどのように終わるのか，などの展開を意識させながら音楽をつくってみましょう。

ライブ・コーディングを体験する

　一人一人がタイマー機能を体験することができたら，演奏者と聴き手役の子どもに分かれて発表活動に取り組んでみましょう。

　発表にあたっては，実際の**ライブ・コーデ**ィング（No.25）の演奏を踏まえて，演奏者の操作画面を電子黒板等に映し出し，他の子どもにも見えるようにします（図２）。それにより，「今，演奏者が，どのような操作をしているのか」を聴き手役の子どもがわかるようにします。

　また，聴き手役の子どもには，演奏者の発表を静かに聴くのではなく，演奏中であっても，感じたことを言葉にして伝えたり，いいなと思った時には拍手をしたりするなどの反応を促してみましょう。

　それを受けて，演奏者は「今の音楽はこのような反応だったから，次はこうしよう」と考えることにつながり，即興的な判断力を育むことも期待できます。

（長山　弘）

Music Blocks で プログラミングをしよう

アプリはこちら↓

■ ア プ リ 名　Music Blocks
■ 領 域 等　表現（音楽づくり，創作）
■ U　R　L　https://musicblocks.sugarlabs.org

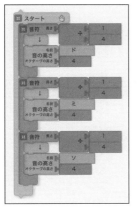

図　順次

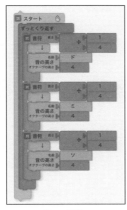

図　反復

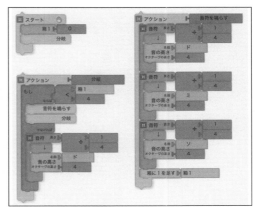

図　分岐

プログラムの構造を支える要素

　プログラミングで大切な考え方となる順次，反復，分岐を Music Blocks を使って体験してみましょう。

順番に命令を実行する「順次」

　まず，「スタート」ブロックの中に「音符」ブロックを3つ加えます。次に，それぞれの音の高さを上から順にド，ミ，ソと変えます。そして，このプログラムを実行すると，ド，ミ，ソと順番に音が鳴ることがわかります。このように，ブロック（命令）を順番に実行することを順次といいます。

命令を繰り返し実行する「反復」

　「ずっとくり返す」「〜回くり返す」ブロックを使えば，その中のブロックを繰り返し実行することができます。これが反復です。反復を使うことによって，例えば，「音符」ブロックを何度もつなげなくても，たくさんの音を鳴らすことができます。

条件に合わせて命令を実行する「分岐」

　「もし」ブロックを使うことによって，条件に合わせて違うブロックを実行することができます。これが分岐です。例えば，図「分岐」では「箱1」ブロックの値を比較して違う「音符」ブロックを実行しています。五線譜の「1番カッコ」「2番カッコ」なども分岐と言えるでしょう。

　反復や分岐を組み合わせることによって，複雑なプログラムを簡潔に示すことができます。

（長山　弘）

Music Blocks で
ランダムに変わる旋律づくりをしよう

アプリはこちら↓

- ア プ リ 名 Music Blocks
- 領 域 等 表現（音楽づくり，創作）
- U R L https://musicblocks.sugarlabs.org

「ランダム」ブロック

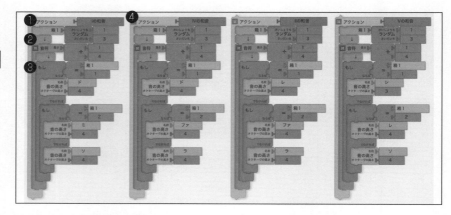

ランダムな数を使った旋律づくり

「ランダム」ブロックを使うと**ランダムな数**がつくれます。「ランダム」ブロックを活用したプログラムをつくりましょう。

具体的には，八長調の和音Ⅰ，Ⅳ，Ⅱ，Ⅴの構成音より，それぞれ順番に**ランダムに音を選んで鳴らす**ことを4回繰り返し，最後にドを鳴らして終わるプログラムをつくります。

❶Ⅰの和音の構成音からランダムに音を選ぶプログラムをつくります。「アクション」ブロックを選択し，わかりやすい名前（図では「Ⅰの和音」としました）をつけます。

❷「箱1」ブロックに最小値を1，最大値を3とした「ランダム」ブロックをつなげます。

❸「もし」ブロックを使って「箱1」の値に応じて**分岐**させます。値が1の時はド，そ

うでない時は，もう一度「もし」ブロックを使って，2のときにレ，そうでなければミを鳴らす「音符」ブロックをつなげます。

❹同様にⅣ，Ⅱ，Ⅴの和音に応じた「アクション」ブロックをつくります。「アクション」ブロックの名前と，分岐した時に演奏される音は和音に応じて変えてください。

❺「スタート」ブロックの中に「～回くり返す」ブロックを入れ，4回繰り返すように指定します。そして，つくった「アクション」を順番につなげます。最後に，ドの音を鳴らす「音符」ブロックをつなげます。

実行すると，そのたびに異なる旋律が演奏されます。それぞれの旋律を聴きながら，違いを楽しんだり，自分の好きな旋律を探したりしてみましょう。

（長山　弘）

PowerPoint で
作品リンクを一覧表示しよう

■ ア プ リ 名　Microsoft PowerPoint
■ 領 域 等　鑑賞
■ U R L　https://www.ashitano-ongakushitsu.com/songmakertemplates

Part3

アプリを生かした音楽授業アイデア

作品へのリンクを一画面で共有

　手軽に作曲ができるアプリ「Song Maker」（No.21）は，リンクの形でどの端末のブラウザからでも作品にアクセスできます。また，作品として保存したファイルもクラウドストレージに保存することで，そのファイルにアクセスするためのリンクを取得することができます。このように生成された「リンク」を活用することで，学級，あるいは特定のグループ全員の作品にアクセスできるPowerPoint のスライドを作成できます。作成手順は以下の通りです。

共有＆ハイパーリンク機能を上手に活用

①事前に作品へのリンクを取得しておく。
② PowerPoint のスライドに学級（or グループ）の人数分の表を作成し，名前を入力する。
③スライドの共有機能を有効にして，リンクを LMS 等で子どもたちに伝える。
④児童生徒は自分の名前の文字を選択し，ハイパーリンク機能を使って作品へのリンクをコピーする。
⑤該当する子どもの名前をタップすることで，作品に直接アクセスしたり，ファイルをアプリで開いたりして聴取できる。

　一つの画面での作品等の一覧表示は「ロイロノート」（No.26）のような授業支援アプリを使うとより簡単に行えますが，このように PowerPoint や Google スライドといった基幹アプリだけでも実現することができます。子どもが各自演奏の様子を収録し，このスライドを使って互いの演奏を鑑賞し合う，といった活動にも応用できるでしょう。

（小梨　貴弘）

PowerPoint で音楽めぐりをしよう

アプリはこちら↓

- ■ ア プ リ 名　　Microsoft PowerPoint
- ■ 領 域 等　　鑑賞
- ■ U　　R　　L　　https://www.microsoft.com/ja-jp/microsoft-365/powerpoint

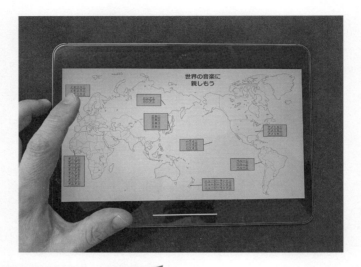

日本・世界の音楽に地図からアクセス

　日本各地の音楽や世界の民族音楽を鑑賞する際，その音楽が伝わる場所を地図上で確かめながら聴くと，地域と音楽それぞれの特徴を結びつけて考えることができ学習効果が高まります。このような方法で鑑賞をする際に，地図を見ながらメディアをできるように作成したのが，PowerPoint を用いて作成した「日本（世界）の音楽地図」です。

パワポ地図で手軽に楽しく 「音楽めぐり」

　この地図は以下のような手順で作成します。

①あらかじめ教材を決めクラウドストレージ上に保存した音声や動画ファイルあるいは YouTube 動画等へのリンクを取得しておく。

② PowerPoint のスライドに日本（世界）の白地図の画像ファイルを貼り付ける。（白地図はフリー素材等を活用）

③該当する地域に「テキストボックス」を配置して，国名や県名などを入力する。

④ハイパーリンク機能を使い，文字に教材となる音声や動画へのリンクを貼り付ける。

⑤つくったスライドを LMS 等で配布する。

⑥文字（「イギリス」「富山県」等）をタップすると，音楽や動画が再生される。

　このスライドを用いることで，音楽室など校内の授業で活用することは勿論，様々な事情で授業に参加できない場合や，後から自宅で振り返る際に，地図を見ながら簡単にコンテンツを再生することができてとても便利です。「日本民謡の旅」や「世界音楽めぐり」等，各地の音楽を複数箇所聴きながら，それらの特徴を比較するといった学習活動が展開できます。　　　　　　　　　　（小梨　貴弘）

PowerPoint で
リコーダーの運指を調べよう

アプリはこちら↓

アプリ名	Microsoft PowerPoint
領域等	表現（器楽）
URL	https://docs.google.com/presentation/d/1gGS8omFNeiv5-eCBb2N9QhgKJ-v3CTHB/edit?usp=sharing&ouid=111967446161505730177&rtpof=true&sd=true

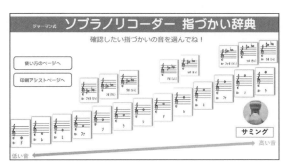

図1．トップ画面

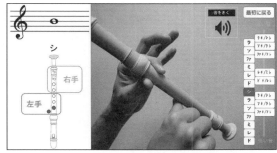

図2．指使い

Part3

アプリを生かした音楽授業アイデア

PowerPoint のリンク機能を使って

PowerPoint のリンク機能を活用することでメニュー画面をつくったり，リンク先に飛んで写真や音，映像を確認したりするなど，アプリのようなデジタル教材をつくることもでき，様々な教材づくりに役立ちます。

リコーダー指使い辞典の活用場面

本教材は，先生が全体指導の場面で大型提示装置等に投影して指使いを示す時に活用することはもとより，子どもたちが各々の端末を使って指使いや音を確認したりしたい時，反転学習等に便利なデジタル教材です。

トップ画面（図1）では，調べたい音をタップすると，五線とイラスト，写真付きで指使いを示したページ（図2）に飛びます。画面上部のサウンドのマークから，音を実際に

聴いて確認することもできます。飛んだページからは，最初の画面に戻ったり，別の指使いを選び直したりすることができます。

また，各ページを印刷して，音楽室等の掲示物として活用することも効果的です。下記のQRコードからそれぞれダウンロードできます。

PowerPoint	PDF

（松長　誠）

PowerPoint の範奏動画で技能を習得しよう

アプリはこちら↓

■ ア プ リ 名　Microsoft PowerPoint
■ 領 域 等　表現（器楽）
■ U R L　https://www.microsoft.com/ja-jp/microsoft-365/powerpoint

PowerPoint の隠れた機能

　PowerPoint は，プレゼンテーションソフトとしての活用が一般的ですが，動画をつないだり，切り取ったり，字幕やイラスト，写真を加えたりするなどの動画教材の作成に活用することもできるソフトです。

器楽指導での範奏動画の活用場面

　器楽指導で範奏動画を活用することは，様々な利点があります。

　一斉指導の場面では，拡大提示することで遠くの座席の子どもにも手元を大きく見せることができます。1人1台端末が整備されている環境下では，子どもたちが自分のペースで範奏動画を視聴し，譜読みを進めるといった使い方もできるでしょう。

　動画は，撮ったまま示すのでも効果はありますが，字幕や演奏のポイント等を入れることで教育効果の高い教材になります。

編集と動画書き出しの流れ

①範奏動画を撮影します。

② PowerPoint に範奏動画を取り込みます。

③ PowerPoint で，取り込んだビデオを選択し，「再生」→「ビデオのトリミング」→必要な部分のみ範囲を選択します。

④字幕や写真，楽譜を挿入します。

⑤スライドができ上がったら，PowerPoint 形式ではなく，ファイルの種類からMPEG4ビデオ（*.mp4）を選択し，保存します。

（松長　誠）

パワポ教材でリズムを学ぼう

■ ア プ リ 名　Microsoft PowerPoint（Teach U の教材「06003 ［音楽］４拍子（タンバリン）」）
■ 領 域 等　表現（器楽）
■ U R L　https://musashi.educ.kumamoto-u.ac.jp/06003-2/

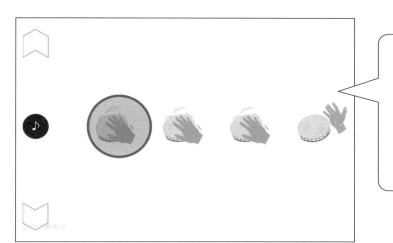

４拍子のリズムを可視化した教材です。画面左側の♪を押す度に４拍のピンクの丸が左から右へ移動します。また，タンバリンを押す度に「叩く／休む」の画像に切り替わります。左の画像の場合は「タンタンタンウン」と声に出しながら，♪を押してピンクの丸を送ります。

Part3
アプリを生かした音楽授業アイデア

音楽表現とリズム

　合奏する上で，周りの音を聴き，リズムを揃えることは重要な要素のひとつです。そこでリズム譜などの楽譜をつくったり，先生が見本を提示したりする等，リズムを可視化し理解を促す手立てをしますが，子どもの実態によっては，譜面の理解が難しい場合があります。

　本教材は PowerPoint を使用し，リズムを取ることが難しい打楽器パートの生徒用に，「叩く／休む」のタイミングを可視化した「パワポ教材」です。４拍子のリズムで何拍目に叩くのか，何拍目が休符なのか，イラストとアニメーションでわかりやすく表示します。PowerPoint のアプリがあれば，パソコン上だけでなく，タブレット上でも動作可能です。端末の画面だけでなく，大型テレビに転送して表示できれば，一斉指導にも活用できます。

演奏してみよう

　まずはイラストの意味を確認し，ピンクの丸の動きに合わせて楽器を叩きます。子どもの実態によっては，丸の動きを先生が模範で示しながら確認していくとよいかと思います。

　実際の演奏でも，大型テレビへ教材を映像転送し，全体でリズムを確認しながら演奏できます。曲のテンポに合わせて，先生が操作することで丸の動きを追いながら演奏できます。この教材は４拍子であれば「叩く／休む」を自由に変えて提示できます。

（植田　青士／後藤　匡敬）

PowerPoint で目隠しをコピペしよう

■ ア プ リ 名　Microsoft PowerPoint（Teach U の教材「B004[TUPB] めくり5」）
■ 領 域 等　授業マネジメント
■ U　　R　　L　https://musashi.educ.kumamoto-u.ac.jp/b004/

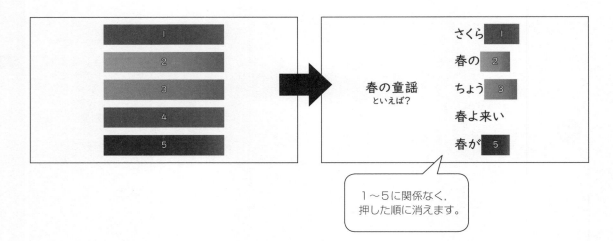

1～5に関係なく，
押した順に消えます。

押した時にめくられる四角い目隠し

「めくり5」は，Teach U（No.91）で配信している PowerPoint 教材の1種です。5色の長方形が5枚並んでいますが，いずれも PowerPoint のスライド上の情報の上に貼付可能な，目隠しのシールのようなものです。

「めくり5」の長方形を押すと，フェードアウトして消えます。1を押したら1の長方形が消え，5を押したら5の長方形が消えます。押して反応する長方形なので，消したい順番でめくることができ，授業展開に合わせ，提示する情報量を調整できます。

この長方形は，PowerPoint に挿入できる他の図形と同じで，縦横の幅を自由に変更できます。文字の編集も可能です。

使用するまでの手順

「めくり5」を使用するまでの手順です。

①「めくり5」を Teach U からダウンロード（上記 QR コードまたは Teach U のトップページの検索窓に「めくり5」と入力して検索）
②「めくり5」を開き，その中の長方形をコピー（全5色とも同じ機能です）
③隠したい情報（上図では童謡のタイトルの一部）の上に長方形を貼り付け
④適切な大きさに長方形のサイズを変更
⑤スライドショーを再生すると，情報が長方形で隠されている。長方形を押すと消え，隠された情報が表示される

（後藤　匡敬）

No. 40 パワポ教材で「ド」を探そう

アプリはこちら↓

- ■ ア プ リ 名　Microsoft PowerPoint（Teach U の教材「ドはどこ？（ランダム）」「ピアノの音階」）
- ■ 領 域 等　表現（器楽）
- ■ U R L　ドはどこ？　https://musashi.educ.kumamoto-u.ac.jp/06006-2/
　　　　　　　ピアノの音階　https://musashi.educ.kumamoto-u.ac.jp/06004-2/

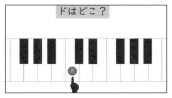

「ド」を押すと音階が出る

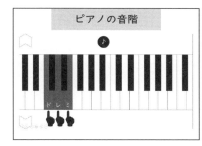

Teach U にも押すと文字が現われる教材がある。こちらは押した鍵盤全てに文字が出て色が変わるタイプ

Part3

アプリを生かした音楽授業アイデア

他の場所を押しても音階が出ない

「ド」の場所を探そう

　鍵盤ハーモニカやキーボードを演奏する時に「ドレミファソラシ」の位置がわかる必要があります。まず「ド」の覚え方を学習します。
①白と黒の鍵盤があることに注目します。
②黒の２つ山，黒の３つ山があります。
③黒の２つ山の１つ左が「ド」。
　この覚え方でまず「ド」の場所を確認します。

PowerPoint 教材で確認しよう

　次に，押すと消えるボタンを使ったPowerPoint 教材［ドはどこ？］で「ド」の場所を確認します。タブレット画面の鍵盤で，「ド」の鍵盤を押すと「ド」の文字が現われます。音は出ないため，鍵盤の視覚情報に絞って提示できます。

　「ドレミファソラシ」が言える子どもなら，「ド」の位置がわかれば，あとは「ド，レ，ミ…」と白鍵を右にひとつずつ対応させていけば音階の位置がわかります。

ドレミファマスターになろう

　［ドはどこ？］は間違えても音階が出ないため，音階の場所を覚えたか自分で確認できます。ランダムに出てくる音階に対し，友達と競い合って楽しむこともできます。

　他に，押した鍵盤すべてに音階が出るPowerPoint 教材［ピアノの音階］もあり，音階を唱えながら押すと自分で確認できます。音は出ません。

（上中　博美／後藤　匡敬）

Scratch で簡単な旋律を表してみよう

アプリはこちら↓

■ ア プ リ 名　Scratch
■ 領 域 等　プログラミング
■ U 　 R 　 L　https://scratch.mit.edu/

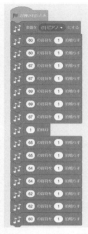

図1.「きらきら星」冒頭部分

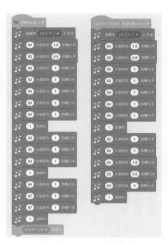

図2.「メリーさんの羊」

プログラミング音楽

　スクラッチでは，音楽の旋律やリズムなどをブロックで表す，ビジュアル・プログラミングを実施します。音程や音価などを数値化して，プログラムを組んでみましょう。

　まずは，準備と手順の説明です。

①「4分音符：付点4分音符＝1：1.5」，「4分音符：8分音符＝1：0.5」のような基礎的な音価について説明しておきます。

②スクラッチでは，音高は中央C（一点ハ）＝「60」，中央D＝「62」のように示されることを説明しておきます。

③各自のPCでスクラッチを開き，スプライトを選択し，「旗が押されたとき」「楽器を○○にする」を準備しておきます。

簡単な旋律のプログラミング

　子どもたちがよく知っている簡単な旋律を取り上げます。

　「きらきらぼし」（ハ長調・4分の4拍子）の冒頭部分「ド・ド・ソ・ソ・ラ・ラ・ソ・休符」は，「60・60・67・67・69・69・67・休符」のように組みます（図1）。

　「メリーさんの羊」（ハ長調・4分の4拍子）では，付点4分音符・八分音符・付点2分音符も出てきます。

　長い旋律の場合には，「メッセージを送る」「メッセージを受け取ったとき」で旋律をつなぎ合わせることも可能です（図2）。これができたら，色々な楽曲のプログラムを組んでみましょう。

（桐原　礼）

No. 42 Scratchで サンプリング音と写真を活用しよう

アプリはこちら↓

■ ア プ リ 名 Scratch
■ 領 域 等 プログラミング
■ U R L https://scratch.mit.edu/

Part3

アプリを生かした音楽授業アイデア

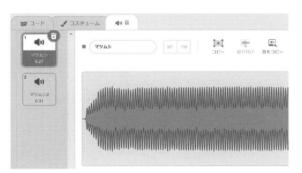

図1. 音源の加工

図2. コスチューム変化

図3. 複数音源

サンプリング音を活用しよう

　楽器の音や自然音などを収録したものを，サンプリング音と言います。スクラッチの音源素材は限られているため，テーマに合わせて，各自で準備した音を活用しましょう。

　サンプリング音を活用するためには，携帯電話の録音アプリなどで音源を収録します（または，フリー素材の音源を活用します）。ここでは，「虫の声」を扱った事例（No.47）をもとに説明します。「スプライトを選ぶ」画面で「まつ虫」を選択します。左上の「音」選択の画面を開き，下のねこマークを押して，PC内の「マツムシ」音のデータを挿入します。この音源は長く続いているので，一部を使いたい場合，音源の一部を選択し「音をコピー」を押すと，「マツムシ2」という音源が表れます（図1）。

写真を活用しよう

　自身で準備した写真を，スプライトとして活用しましょう。例えば，スクランブルエッグの調理手順をもとに説明します（No.49）。使いたい写真のデータを準備しておきます。「スプライトを選ぶ」の一番上の矢印を押し，PC内の写真データを1枚，スプライトとして設定します。続いて，関連した複数の写真を連続させてプログラムするために，左上の「コスチューム」画面を開き，PC内の写真データを順番に入れておきます（図2）。それぞれのコスチュームに名前をつけておくと，その名前のブロックがつくられます。コスチューム変化と連動したサンプリング音を用いる場合には，音選択画面に複数音源を挿入し，名前をつけておきましょう（図3）。

（桐原　礼）

Scratchで
音の可視化の機能を加えよう

■ ア プ リ 名　　Scratch
■ 領 域 等　　プログラミング
■ U R L　　https://scratch.mit.edu/

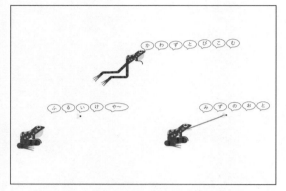

図1. コスチューム変更による場面展開

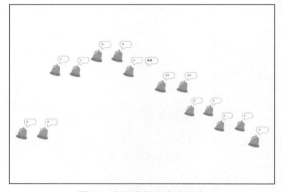

図2. 音の進行と音高変化

音と絵図を連動させたプログラミング

　スクラッチでは，音とスプライトの画像を連動させたり，セリフを加えたりすることができます。旋律の動きを可視化する様々な機能を加えてみましょう。

音を可視化する機能を加えてみよう

　音楽の情景を表すために，スプライトのコスチュームを変化させてみましょう。例えば，俳句の旋律づくり（No.45）の場合，カエルのスプライトを取り上げています。このスプライトにはもともと3種類のコスチュームが準備されているため，「コスチュームを○○に変更する」というブロックを組み入れて，俳句の5・7・5の場面展開を表すことができます。セリフも挿入可能です（図1）。

　音の進行や旋律の音高変化を示すためには，スプライトを複製すると共に，位置を移動させてみましょう。例えば，「きらきら星」の旋律をプログラム（No.41）したら，スプライトに動きをつけていきます。冒頭部分「ド・ド」については，「自分自身のクローンを作る」「x座標を30ずつ変える」というブロックを挿入して，同じスプライトが横移動して現れるようにします。他の音も同様に，クローンを作成します。「ド」から「ソ」への音の跳躍は，「x座標を30ずつ変える」という横移動とともに「y座標を120ずつ変える」を挿入すれば音高の変化が明確に示されます。「ソ」から「ファ」のように音の下降の際には，「y座標を－30ずつ変える」のように設定するとよいでしょう（図2）。

（桐原　礼）

Scratch でペア学習に取り組もう

アプリはこちら↓

■ ア プ リ 名 Scratch
■ 領 域 等 プログラミング（ペア学習）
■ U R L https://scratch.mit.edu/

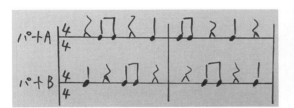

図1．2パートのリズムパターンの例

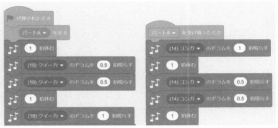

図2．2つのパートを同時に鳴らす場面

スクラッチでペア学習

　スクラッチでは，音の重なりのプログラムを組むことができます。ペアでリズムパターンの組み合わせを考案し，協力してプログラムを組んでみましょう。

　まず，手順を確認しておきます。

①ペアで，4分の4拍子，2小節のリズムの重なりをつくります。

②即興的にリズムパターンをつくってみます。手拍子で何度もやってみて，掛け合いや重なりを工夫しましょう（例えば，図1のようなA・Bパートができます）。この際，つくったリズムパターンを忘れないようにメモを残しておくと便利です（リズム譜でなくても，「タン・タタ」などのメモでよいです）。

組み合わせを工夫してみよう

　1台の PC をペアで使用します。スプライトを選択し，パートA・パートBのリズムパターンのプログラムを組みます。音高の変化はつけずに一定の音にしておきます。この際，各パートについて，異なる音高と楽器を選択しておくと，音の違いがわかりやすくなります。さらに，「パートAを送る」「パートAを受け取ったとき」を組み入れ，2つのパートが同時に演奏されるようにします（図2）。ペアで話し合いながらプログラムを組み，「トライアル・アンド・エラー」で，音の重なりや音色などを工夫しながら，修正を重ねていきます。完成したら，工夫点の説明も含めて，発表会をしましょう。

（桐原　礼）

Scratch で俳句に旋律をつけてみよう

- ■ ア プ リ 名　Scratch
- ■ 領 域 等　プログラミング，表現（音楽づくり）
- ■ U R L　https://scratch.mit.edu/

ふ　る　い　け　や――　　か　わ　ず　と　び　こ　む　み　ず　の　お　と――
楽譜. 松尾芭蕉「古池や　蛙飛び込む　水の音」（旋律は筆者作）

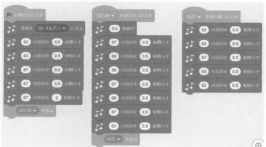
@ 図. 旋律のプログラム画面

スクラッチで俳句に旋律をつけてみよう

　俳句には，日本語の抑揚や独特な間が表れており，5・7・5というわかりやすい構成でできているという特徴があります。各自で好みの俳句を選び，スクラッチでそれぞれの俳句に合った旋律をつくってみましょう。この際，箏の平調子の音階を活用すると，自然と和風な旋律ができ上がります。

　まず，ルールと手順を確認します。

①箏の平調子の音を使います。音階を黒板などに掲示しておきます（調弦は，子どもたちの声域に合わせます）。

②各自で好みの俳句を選び，繰り返し唱えて，伸ばす音や抑揚など音の変化を捉えましょう。

旋律のプログラムをつくってみよう

　各自の PC でスクラッチを開き，スプライトと楽器を選択したら，俳句に平調子の音を当てはめていきます。言葉と音の組み合わせができたら，長く伸ばす音や間（休符）などもプログラムしてみましょう。例えば，筆者が考案した旋律（楽譜）を，1小節ずつプログラムし，3小節分を連動させると図のようになります。俳句を唱えながらプログラムを組み，考案した旋律が再現できているか確認しましょう。

　完成したら，発表会をしましょう。スクラッチのデータを基に，つくった旋律を箏で弾きながら俳句を唱えてみるのもよいですね。

（桐原　礼）

Scratch で輪奏とオスティナートの プログラムを組んでみよう

アプリはこちら↓

- ■ ア プ リ 名　Scratch
- ■ 領 域 等　プログラミング
- ■ U R L　https://scratch.mit.edu/

図1. パート1

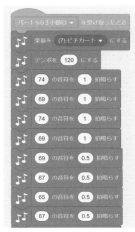

図2. パート2

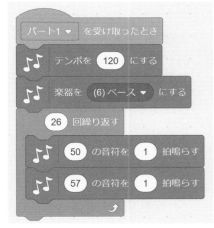

図3. オスティナート

Part3 アプリを生かした音楽授業アイデア

輪奏とオスティナートとは

　輪奏は，同じ旋律を追奏し，重なり合う感じを楽しむことができるという特徴があります。オスティナートとは，一定の音型を続けて何度も繰り返すことです。輪奏にオスティナートを加えて，追奏と繰り返しの機能を活用したプログラムを組んでみましょう。

「雪のおどり」の輪奏とオスティナート

　「雪のおどり」（チェコ民謡・4分の2拍子・二短調）を取り上げます。今回は2つのパートの輪奏と伴奏のオスティナートをプログラムするため，スプライトを3つ選択し，3画面で作業をしていきます。テンポは少し速めの方が輪奏の雰囲気を感じ取りやすいので，今回は，120に設定してみます。

　パート1の旋律を組んでいきます（図1）。

　パート1の2小節目に，パート2の追奏のスタート地点を設定します（4小節目でもよいです）。ここに「パート1の3小節目を送る」というブロックを挿入し，パート2のプログラムの先頭に「パート1の3小節目を受け取ったとき」というブロックを組み入れると，この2つの部分がつながって演奏されます。パート2はパート1を複製します（図2）。

　伴奏のオスティナートの画面（図3）では，先頭に「パート1を受け取ったとき」を設定すると，パート1と同時に演奏が始まります。今回は，「レ・ラ」の繰り返しをオスティナートとするため，「26回繰り返す」というブロックを入れて伴奏を完成させます。オスティナートの音やリズム・パターンを変えてみるのもよいですね。

　　　　　　　　　　　　　　（桐原　礼）

Scratch で
「虫の声」をアレンジしてみよう

- アプリ名　　Scratch
- 領域等　　　プログラミング
- URL　　　　https://scratch.mit.edu/

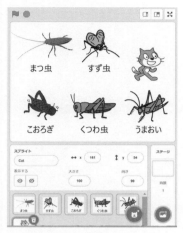

図1. 5種の虫のスプライト

図2. まつ虫の音でリズム

図3. 3種の組み合わせ

音色やリズムを組み合わせよう

　スクラッチでは，楽器音を選択してリズムパターンを組んだり，加工した音を組み合わせたりすることができます。

虫の音を聴いてみよう

　今回は，小学校第2学年「虫の声」（文部省唱歌・4分の2拍子・ハ長調）を教材とします。歌詞に5種類の虫が登場するため，フリー素材の虫のイラストと音を入手しておきます。5種類の虫のイラストをスプライトにして（No.42）（図1），イラストに合った虫の音を挿入します（No.42）。これにより，まつ虫のスプライトを選択した時に，まつ虫の音を聴くことができます。各自のPCで聴きたい虫の音を再生し，耳を傾けましょう。虫の音の違いがわかりましたか？

虫の音でプログラムを組んでみよう

　続いて，5種の虫の中から，プログラミングに取り組むスプライトを1種選択します。楽曲中の擬声語の2小節分について，それぞれに合った楽器を選択し，リズムパターンを組んでみましょう。実際の虫の声を用いることも可能です。例えば，まつ虫の音を加工し（No.42），そのまつ虫の音と休符を組み合わせて，リズムパターンのプログラムを組みます（図2）。新たなリズムパターンをつくったり，虫の音を組み合わせたリズムパターンをつくったりするのも楽しそうです（図3）。

（桐原　礼）

Scratch で
生活音をプログラミングしよう

アプリはこちら↓

- ア プ リ 名　Scratch
- 領 域 等　プログラミング
- U R L　https://scratch.mit.edu/

図1. 発車メロディー（一部）

図2. 時計のアラーム音

図3. 玄関チャイムと引き戸

身の回りの音に耳を傾けてみよう

　私たちの日常生活には，様々な音があふれています。子どもたちと共に音を見つけたら，プログラミングで再現したり，サンプリング音として活用したりしてみましょう。

身の回りの音の活用

　身の回りの音をスクラッチのプログラミングで再現してみましょう。例えば，電車の発車メロディーには様々なタイプがありますが，山手線でよく聞かれる「春」は比較的短く，ほとんどが八分音符で構成されているので，プログラムしやすい曲です（図1）。通勤・通学などで聴きなれた電車や，好きな発車メロディーのプログラムに挑戦するのもよいですね。

　目覚まし時計のアラーム音をプログラムす

る際には，テンポを速めに設定し，同じ音の連続音として，「ずっとくりかえす」というブロックを活用することができます（図2）。他には，玄関チャイムの音，エレベーターの到着時の音，歩行者用信号機の音，電話不通時の音などが挙げられます。

　また，身の回りの自然音や生活音を収録し，サンプリング音（No.42）として活用しましょう。例えば，玄関チャイムの音→「こんにちは！」と言う→引き戸の音，というような簡単なプログラムを組むことも可能です（図3）。動物の鳴き声，川の流れ，車のエンジン音，箒で掃く音，虫の音（No.42），調理の音（No.49）などを効果音としたり，絵本の背景音として活用したりしてみましょう。

（桐原　礼）

Scratch で音と写真による
ショートストーリーをつくってみよう

アプリはこちら↓

- ア プ リ 名　Scratch
- 領　域　等　プログラミング
- U　　R　　L　https://scratch.mit.edu/

図. 音源・写真・セリフをプログラム

図. スクランブルエッグの調理手順

サンプリング音と写真を活用しよう

　スクラッチには，もともと多くの音源やイラストが準備されていますが，サンプリングした音と撮影した写真を組み合わせて，より独自性のある作品をつくることができます。

簡単な作品づくり

　今回は，「スクランブルエッグの手順説明」をプログラムします。テーマに沿った音源を録音し，写真を撮影しておきます。スクラッチのスプライト選択画面で使いたい写真データを挿入し（No.42），音の選択画面でサンプリング音を挿入します（No.42）。

　ここからは，スクランブルエッグの調理手順に沿って，コスチュームと音のブロックを組んでいきます。「卵を打ち付ける」というコスチュームの後に，吹き出しのセリフ「卵を打ち付けると2秒言う」と音源「終わるまで卵を打ち付ける音を鳴らす」というブロックを組みます。「次のコスチュームにする」からは，「卵を割る」手順です。コスチュームを変更し，同様の流れで，ブロックを組んでいきます。

　このように，何かの手順を考えることは，プログラミング的思考の育成につながります。様々なテーマで，ショートストーリーをつくってみましょう。

（桐原　礼）

MuseScore４で
ギターやウクレレのタブ譜をつくろう

アプリはこちら↓

■ ア プ リ 名　MuseScore４
■ 領 域 等　表現（器楽）
■ U　　R　　L　https://musescore.org/ja

アロハオエ
ウクレレ

リリウオカラニ

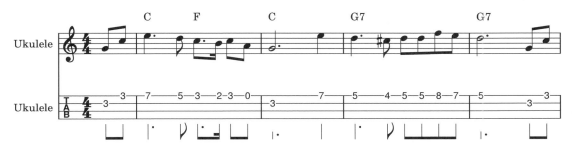

Part3
アプリを生かした音楽授業アイデア

MuseScore でタブ譜が簡単に つくれる

　ここでは，MuseScore４でギターやウクレレのタブ譜を作成する事例をご紹介します。上記は次のような手順で作成しました。
① MuseScore４の「新しいスコア」を選ぶ。
②楽器は撥弦楽器から「ウクレレ」と「ウクレレ（TAB 譜）」を選ぶ。
③「次へ」で次の画面に行き，調号，拍子，速度，そして弱起ありの小節数を選び，タイトル等を入力する。
④「完了」を押してスコア画面に行き，五線譜を入力する。
⑤五線譜の入力を終えたら，五線譜の音符や休符をすべて選び「コピー」する。
⑥カーソルを TAB 譜の弱起の部分に合わせて「貼り付け」ると TAB 譜ができ上がる。
⑦コード伴奏も行いたい場合は，コードを入力する。入力したい拍にカーソルを合わせて「Ctrl＋ K」でコード入力可能になるので，「C」や「G ７」などと入力する。

教材集にして 子どもの主体的な学びに

　中学校の器楽の教科書では，ギターのタブ譜を紹介している教材もありますが，すべてあるわけではありません。器楽の教科書の巻末の名曲や親しみやすい旋律などをこの方法でタブ譜にして，教材集にしてはいかがでしょうか。ウクレレは小学生も扱いやすいので，たとえばポケット歌集などの中から子どもの好む歌の旋律をタブ譜にして教材集にするなどもよさそうです。楽譜を読むのが苦手な場合でも，タブ譜により子どもたちが自ら楽器を奏でることが行いやすいので，主体的な学びの実現につながります。

（酒井　美恵子）

MuseScore4で リズムをつくって身体で表現しよう

アプリはこちら↓

■ ア プ リ 名　MuseScore4
■ 領 域 等　表現（音楽づくり，創作）
■ Ｕ Ｒ Ｌ　https://musescore.org/ja

身体でリズムを表現しよう

MuseScore4でリズム譜をつくる

　ここでは，MuseScore4で複数パートのリズムをつくり，実際に表現する事例をご紹介します。

　上記のリズムは次の手順で作成しました。

① MuseScore4を開き，「新しいスコア」を選択する。

②「打楽器‐身体」から「ハンドクラップ」と「足踏み」を選ぶ（他に「フィンガースナップ」と「スラップ」が選べる）。

③拍子，速度，小節数を選び，曲名等を入力して「完了」とし，スコア画面に行く。

④「ハンドクラップ」と「足踏み」を異なる高さの音に設定する。スコアは，全休符が書かれているので，8分休符や4分休符を入力してから，音符を入れるとやりやすい。

つくったリズムを身体で表現する

　例示した楽譜は一人でも手と足で演奏ができますが，もう少しパートを増やしてグループで1パートずつ分担するのも楽しい活動になります。

記譜力・読譜力向上と楽譜のよさの実感

　MuseScore4は，楽譜通りの音やリズムを聴きながら音符や休符を入力できます。そして，折々再生して，つくった楽譜と音を確認できます。本事例は，つくったリズム譜を見ながら実際に身体で表現するなどの活動により，読譜や記譜の力が高まります。そして自分のつくったリズムを友達と演奏したり，保存したりできることは，喜びと共に楽譜の役割を実感できます。

（酒井　美恵子）

GarageBand で教材をつくろう

■ ア プ リ 名　GarageBand
■ 領 域 等　表現（器楽）
■ U　R　L　プリインストール

※イメージ図

音量	楽器の種類	
━━◯	唄 1	⊪⊪⊪⊪⊪⊪⊪⊪⊪⊪ ⊪⊪⊪⊪⊪⊪
━━◯	唄 2	⊪⊪⊪⊪⊪⊪⊪⊪⊪⊪
━━◯	三味線	⊪⊪⊪⊪⊪⊪⊪⊪⊪⊪⊪⊪⊪
━━◯	太鼓	⊪⊪⊪⊪⊪⊪⊪⊪⊪⊪⊪⊪⊪⊪
━━◯	笛	⊪⊪⊪⊪⊪⊪⊪⊪⊪⊪⊪
━━◯	鉦	⊪⊪⊪⊪⊪⊪⊪⊪
━━◯	笛	

・イヤホンをつけて録音
・1パートずつ
・まずはリズム（太鼓）
　アプリのメトロノームの使
　用を推奨
・その後は録音したパートを
　聴きながら，重ねていく

音素材を「重ねて」音楽をつくる

「プロジェクト」の機能を生かす

　GarageBand は，つくった音楽を完成品として他のアプリでも再生できる形で書き出したり，「プロジェクト」として編集可能な状態のまま使用したりできます。

　編集といっても，つくり替えるばかりではなく，音量バランスを変更したり，特定のパートだけを鳴らしたり，消したりすることもできます。そのため，主旋律と伴奏等，複数パートを重ねた音源を教材として作成しておくと色々と活用できます。以下，No.55まで民謡の授業例で具体を紹介していきます。

教材「プロジェクト」をつくる

　冒頭の図は，お囃子の教材例です。録音の仕方は複数あり（No.17），アプリ上での演奏の録音や，手入力も可能ですが，写真例は生演奏を録音しています。録音には以下のコツがあります。

・1パートずつ録音する

・端末にイヤホンをつけて録音していくと，前に録音したパートを聴きながら，新しいパートの音源のみを録音していける。

・そのため，まずは GarageBand のメトロノームをイヤホンで聴きながら，太鼓などリズムセクションの生演奏を録音する。

・その後は同じ要領で他パートを録音する。

　生演奏は演奏の難しさはあるものの，演奏時間×パート数の時間で教材作成できるので，一番速く，本物感が出ます。均質な方がよい場合は手入力やアプリ演奏を選択し組み合わせるとよいです。

（中島　千晴）

GarageBand を歌唱・器楽に生かそう

- ■ アプリ名　GarageBand
- ■ 領域等　表現（歌唱，器楽）
- ■ URL　プリインストール

※何れもイメージ図

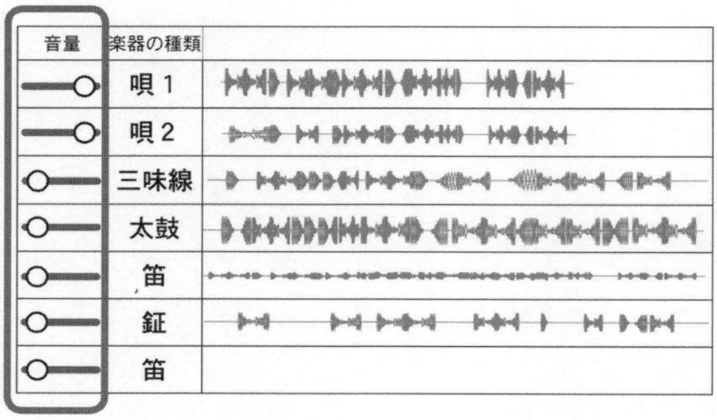

音量	楽器の種類	
○	唄1	〰〰〰〰〰
○	唄2	〰〰〰〰
○	三味線	〰〰〰〰
○	太鼓	〰〰〰〰
○	笛	〰〰〰〰
○	鉦	〰〰〰〰
○	笛	

図1．唄のパート大きく，お囃子を小さく

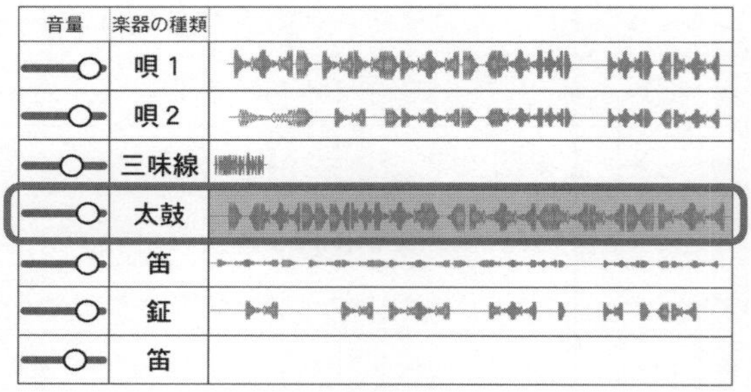

音量	楽器の種類	
○	唄1	〰〰〰〰〰
○	唄2	〰〰〰〰
○	三味線	〰
○	太鼓	〰〰〰〰
○	笛	〰〰〰〰
○	鉦	〰〰〰〰
○	笛	

図2．太鼓パートの音を消して練習，合奏

「プロジェクト」を生かす

　No.52でつくった教材「プロジェクト」は，Apple社のOSの基本機能である「AirDrop」によって簡単に送信・配付することができます。

　つまり，一斉指導で先生が操作して活用することもできますし，「プロジェクト」を子どもたちに配付して，各自で調整・活用させることもできるということです。

　歌唱や器楽の活動において，全パートが入った「プロジェクト」を配付すれば，子どもたちは主旋律を模倣して演奏する，伴奏に合わせて合奏するといったことを，自分の力量や学習進度に応じて好きなように選択しながら活動することができるようになります。

歌唱・器楽の練習，合奏に活用する

　冒頭の図はお囃子の例です。

　図1は音量調整をして，楽器類を小さく，唄を大きくしています。

　民謡の歌唱をする場合，最初のうちはこのようにして唄を強調し，繰り返し聞きながら歌っていくのが効果的です。手本に重ねながら真似していくことで「節回し」を感じ取って歌うことができていきます。慣れてきたら，音量関係を逆転させ，最終的には唄パートを消して歌えるとよいですね。

　図2は，太鼓パートのみ暗転していて，「ミュート（消音）」になっています。

　太鼓は楽譜を配付して練習させ，太鼓のみミュートの音源をイヤホンで聴きながら模擬合奏することも考えられます。

（中島　千晴）

54

GarageBand で即興演奏をしよう

■ ア プ リ 名 GarageBand
■ 領 域 等 表現（音楽づくり，創作）
■ U R L プリインストール

※何れもイメージ図

マイナーペンタトニック

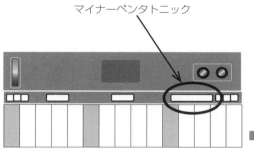

図１．他パートに合わせて五音鍵盤で即興演奏

音量	楽器の種類	
○—	唄１	
○—	唄２	
—○—	三味線	
—○—	太鼓	
—○—	笛	
—○—	鉦	
—○—	笛	

図２．最下段，録音していない笛パート

アプリを生かした音楽授業アイデア

五音音階の鍵盤表示

　GarageBand には，**特定の音階のみの鍵盤を表示する機能があります**。ひとつのパートの編集画面を開くと，図１の○印の位置に音階を表す表示があるので，通常「Scale」になっているのを「マイナーペンタトニック」などに変更すると，鍵盤が変わります。

　自由に音階を設定できるわけではなく，あらかじめ用意してある「メジャーペンタトニック」「ドリアン」といったものを選ぶことになりますが，民謡の音階など名前が違っても同じものであったり，基音は違っても構成音が同じだったりしますので，一致するものを見つけられれば効果的に使えます。

　ちなみに，お囃子の旋律には，「マイナーペンタトニック」がよいでしょう。

五音音階の鍵盤で即興の音楽づくり

　冒頭図はお囃子の例です。

　音色を笛（フルート），音階をマイナーペンタトニックに設定しています。

　五音音階の音楽は，和音進行を気にせずに演奏しても自然と曲想に合う音楽になりやすいというよさがあります。

　この教材「プロジェクト」にはお手本としてもともと笛パートが入っていますが，それをミュートにして，他パートを鳴らしながらこちらの五音鍵盤で重ねて演奏すれば，即興的に笛パートを加えた合奏が楽しめます。

　さらにその演奏を録音することも可能ですので，録音データを提出するようにすれば個別の評価も可能です。

（中島　千晴）

Part3　アプリを生かした音楽授業アイデア　065

No. 55 GarageBand の「Live Loops」を使おう

- アプリ名　GarageBand
- 領域等　表現（音楽づくり，創作）
- URL　プリインストール

※イメージ図

音量	楽器の種類										
──○	平太鼓	■					■	■	■	■	■
──○	締太鼓	■					■	■	■	■	■
──○	鉦						■	■	■	■	■

特定のセルを縦に配置し，計画的に演奏します。

「Live Loops」とは

GarageBand の特徴的な機能に「Live Loops」があります。No.54までに紹介してきたアイデアでは，各パートを「重ねる」発想でしたが，「Live Loops」は「セル」と呼ばれる小さなマスに，音源を割り当てていき，そのセルを触る（以下タップする），または縦一列を同時に鳴らすボタンをタップすることで，その再生を始めるというものです。再生が始まった音源は繰り返される（ループする）という特徴もあり，このような機能は「ルーパー」と呼ばれます。

複数のセルを同時に鳴らせますので，意図的に，または無作為にタップして組み合わせを楽しむことや，使いたいセルを縦に並べて計画的に演奏することもできます。

また，その演奏を録音して，「重ねる」タイプの編集に組み込むこともできます。

セルに割り当てる音源は予め用意された Loop 素材の他，自作することもできます。

「Live Loops」でお囃子をつくる

お囃子の教材例として，冒頭図のような Live Loops の設定も組み込んでいます。

1段目は平太鼓，2段目は締太鼓，3段目は鉦で，それぞれ右の方のセルに単純なものから複雑なものまでリズムパターンを用意しています。これらは，アプリ上の演奏と手入力で自作しました。授業では，手本の太鼓パートを消した上で即興演奏を楽しむようにしています。また，演奏を録音して他者と印象の違いを比べるのもよいです。

（中島　千晴）

ロイロノートで
リコーダーを練習しよう

- ■ ア プ リ 名　ロイロノート
- ■ 領 域 等　表現（器楽）
- ■ U　　R　　L　https://loilonote.app/

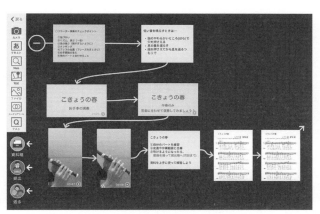

音源や動画，楽譜を配付

リコーダーの合奏曲の場合

・お手本や伴奏の音源

・教師による各パートの範奏動画

・楽譜（階名書き込み，答え合せ用）

・運指表

・評価の視点

・活動の条件・ルール

・各種アドバイス

※提出用の録画マニュアル　など

Part3　アプリを生かした音楽授業アイデア

練習に必要な資料を作成・配付する

　ロイロノートは，**様々な資料をカード化して配付**することができます。これは，これまで先生だけがもっていた資料や，実演して示していたことをカード化して，子どもに渡せるということです。

　鑑賞の音源を配れば，個別に聴くことも可能になります。

　子どもたち一人一人が資料をもつことで，これまで一斉でなければ難しかったことが個別に展開できるようになるのです。

器楽（リコーダー）を自由進度学習で

　もっとも資料の活用の場面が多いのは器楽だと考えます。具体的には**お手本や伴奏の音源**，**教師の範奏**（動画），**楽譜**（正しい階名を書き込んだもの：答え合せ確認用），**運指**表などを用意し配付するのです。その他，**評価の視点**や，**活動の条件・ルール**，**アドバイス**をカード化して送るのもよいと思います。

　子どもたちの実態は様々です。

　例えば楽譜を自力で読んで練習できる子は，早々に弾けるようになるので，伴奏音源と合わせ，お手本からさらに高度な演奏について学ぶことを欲することでしょう。

　音楽の経験が少なかったり，苦手意識があったりする子にとっては，教師の範奏動画の真似が効果的かもしれません。

　このようにすることで，子どもたちが「自分に必要な資料は何か」を考え，それを活用しながら自分に合った進度で学習を進めていくことができます。

（中島　千晴）

ロイロノートで音楽会のパート分けをしよう

アプリはこちら↓

- アプリ名　ロイロノート
- 領域等　表現（器楽）
- URL　https://loilonote.app/

6年3組 音楽会パート

楽器	人数						
ソプラノリコーダー	3	A	B		C		
鍵盤ハーモニカ	5	D					
ソプラノアコーディオン	4	J	E		F	G	
アルトアコーディオン	4						
テナーアコーディオン	4	H					
バスアコーディオン	4						
バスマスター	1	I					
鉄琴	2						
木琴	2	K	L				
小太鼓	1						
大太鼓	1	M					
シンバル	1	N					
ティンパニ	1	O					
ピアノ	1	P					

> ひとつのカードを，同時に複数人で編集
>
> パートを示したカード内に名前カードをつくらせ希望の楽器のところに配置させます。
> 偏りがあれば後で話し合いながら動かしていきます。

共有ノートで同時書き込み

ロイロノートには，「共有ノート」という機能があります。これは，黒板の前に子どもたちみんなが出てきて，それぞれに書き込んでいくようなイメージです。それを，アプリ上で，各自の端末を介して行います。

順番に発表せずとも，短時間で多くの子どもたちの意見を視覚化することができるよさがあります。また，他の人の意見を確かめながら，重なっている意見は出さずに集約していく，ということも可能です。

例えば鑑賞の授業で，曲に対して感じたり気付いたりしたことを同時に書き込んでいくといった使い方ができます。曲が複数の場面に分かれている場合，共有ノートを複数作成して行き来し，比較することも可能です。

音楽会のパート分け

ここでは，同時に作業する例として，器楽合奏のパート分けの場合を紹介します。

①パート名とその人数配分を示したカードを「共有ノート」として作成します。

②子どもたちに自分の端末で共有ノートを開かせ，自分の名前カードをカード内に作成するよう指示します。

③自分の希望するパート位置に名前カードを配置するよう指示します。

④パートの偏りを視覚的に確認しながら，他パートでもよいという子どもが自ら動くことで人数調整していけるように誘います。

※共有ノートは他者のカードも移動・編集できます。「自分のカードだけ操作する」と活動前に約束しておきましょう。

（中島　千晴）

Padlet で主体的に表現を高め合おう

■ ア プ リ 名　Padlet
■ 領 域 等　表現（歌唱）
■ U R L　https://ja.padlet.com/

> このように投稿した動画にイイねを付けたり，コメントしたりできます。細かいカスタマイズが可能なので，学習活動に併せて設定するとよいです。

表現のモデル動画を子どもがつくる

　１人１台端末を用いることで，歌唱や器楽のモデル動画を教材としてつくり，子どもに多数提供することが可能となりました。特に，器楽の学習では，演奏の練習に段階を設定して，子どもが自身でステップアップをしていく学習を想定したモデル動画も多く見られるようになりました。こういったモデル動画を用いることで，子どもが主体的に学習を進めていく，いわゆる個別最適な学びが促されるメリットがある一方で，先生がモデル動画をつくる手間や時間がかかるというデメリットもあります。

　Padlet を用いると，上記の画像のように教師だけでなく，子どもが動画を撮影して投稿する（ボードに貼る）ことができるので，お互いの歌唱や演奏を参考にしながら学習を進めることができます。

自分にあった表現モデルを自分で探す

①動画を撮影して投稿する。
②お互いの動画にコメントをする（どのような点に工夫がされているか）。
③お互いのコメントを頼りに，自分が参考にしたい人の動画（自分にあった表現モデル）を探して，練習をする。

　このような流れを繰り替えしていくと，自ずと参考となるモデル動画が増え，主体的な学習が進み，お互いの歌唱や演奏も表現力の高いものになっていきます。また，このようなモデル動画が増えることで先生がそれをつくる負担も軽くなる利点があります。

（中原　真吾）

Padlet でアジアの音楽地図をつくろう

■ ア プ リ 名 Padlet
■ 領 域 等 鑑賞
■ U R L https://ja.padlet.com/

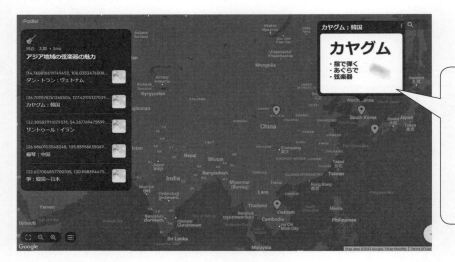

> このようにマップ上にコンテンツを貼り付けることができます。音声や動画，画像，YouTube のリンク等，多種から選択できるのも魅力で，様々な工夫ができそうです。

この音楽なに？どの地域の音楽？

　我が国やアジア地域の諸民族の音楽はその背景となる文化や歴史，生活や社会等の地域性があり，それらと音楽を切り離して考えることはできません。子どもたちにとっては，馴染みの薄い国や地域も多くあり，教科書の写真一枚ではなかなかイメージをもちにくいものです。Padlet で，上記画像のようにボードの壁紙をマップにすると地図の中に音源や動画，関連する情報についての素材やリンクを貼ることができ，アジア地域の地理を俯瞰しながら，音楽に触れることができます。例えば，次のような手順で授業を進めてみるのはいかがでしょうか。

①テーマ（例：アジア地域の弦楽器の魅力）を決めて検索し，音楽を鑑賞する。

②地図上の位置を決め，調べたことや，音楽から知覚・感受したことを記す。

③それぞれの地域の音楽や楽器に共通点や相違点がないか，対話を通して考える。

協働的な学習でさらに鑑賞を深める

　グループで協力・分担して探究し，ひとつの地図をつくっていくのもおもしろいです。Padlet には，いわゆる SNS のように「いいね」や「コメント機能」があるので，それを活用して，お互いにそれぞれが貼り付けた音楽についてコメントしましょう。それに基づいて，グループで聴き合い，よさや美しさに基づいて対話するなどの活動を行うと，さらに鑑賞の学習が深いものとなっていきます。

（中原　真吾）

Padlet を使って鑑賞曲に集中しよう

アプリはこちら↓

- ア プ リ 名　Padlet
- 領 域 等　鑑賞
- U　 R　 L　https://ja.padlet.com/

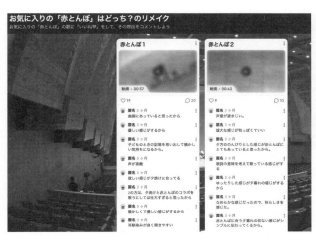

このように様々なファイル形式やリンクを直接取り込むことができます。

鑑賞したい教材を一か所に表示する

　鑑賞の授業の際に，例えば，ひとつの鑑賞曲の異なる演奏を比較聴取させたい場合，音楽を聴くことにできるだけ集中するために，鑑賞する音源を一か所に表示できると便利でしょう。

　Padlet ならそれが可能です。

1人1台端末で自分のペースで鑑賞する

　Padlet を開き，Padlet を作成から，フォーマットにウォールに選択します。

　新しいウォールが作成されたら，右下の（＋）から子どもたちに鑑賞させたい演奏動画を取り込みます。動画は，例えば，YouTube のリンクを直接入力することで，ウォールに掲示することも可能です（取り込む時，また鑑賞する時もインターネットへの

接続が必要です）。

　1人1台端末なら，子どもたちは自分の好きなペースで何度も比較して聴いたり，重点的に聴きたい場所を聴くことができるでしょう。

　Padlet は，それぞれの動画にコメントを残すことができます。

　設定を開き，コメントを許可します。またリアクションを付けることも可能です。リアクションは，いいね，投票（高評価／低評価），星評価（5段階），採点（スコアを付与する）の4種類から選ぶことができます。ねらいに合わせて選択するとよいでしょう。

　Padlet に投稿されたコメントや評価は，各自が自分の端末から確認することができるので，自分の考えと比較したり，また他者の考え方を知ったりすることができるでしょう。

（瀧川　淳）

Mentimeter で
協働的に歌詞を読み解こう

- ■ アプリ名　Mentimeter
- ■ 領域等　表現（歌唱）
- ■ URL　https://www.mentimeter.com/

歌詞の中で「ちょっと気になる言葉」はどれ？

> このように投票数の多い単語が大きく表示されますので，その言葉を中心に対話を進めてみましょう。

歌唱曲の世界をより密着感のあるものに

　いわゆる歌唱共通教材は現代に生きる子どもたちにとっては，必ずしも自身の生活に近い感覚を感じられるものではないことが多いかもしれません。また，歌詞が古語に近い言葉で表されているものも多く，イメージをもちにくい子どもも多くいます。そんな歌詞や曲想に触れた生徒が，どのようなことを知覚し，感受しているのか，把握することは大切です。

　Mentimeter は，アンケート結果や反応等をインタラクティブにやりとりできるプラットフォームです。子どもが音楽に触れ，率直に感じたことや，頭に浮かんだキーワードを即座に知ることが可能となります。これを活用することで学習が息づいたものになります。

対話を通して解釈や表現を深めよう

　Mentimeter の機能の中で Word Cloud（ワードクラウド）という機能を使います。

①事前に，想定する発問について先生の方で，Mentimeter に入力しておきます。

②歌詞の中で「ちょっと気になる言葉」について入力してもらいます。

③タブレットやモニターで，全員の考えをシェアして，確認します（投票数が多い単語のサイズが大きくなります）。

　最も大きく表示された歌詞を中心に，実際に歌唱しながら，歌詞と曲想の関わりについて対話し，解釈や表現を深めていきましょう。

（中原　真吾）

Mentimeter で音楽と言葉をつなごう

アプリはこちら↓

- アプリ名　　Mentimeter
- 領域等　　　鑑賞
- U　R　L　　https://www.mentimeter.com/

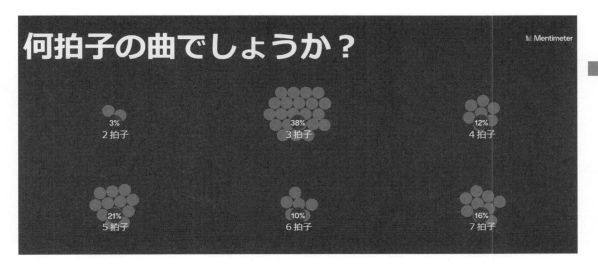

Part3

アプリを生かした音楽授業アイデア

知覚・感受を楽しく深める

　ある音楽を鑑賞して，知覚・感受したことを言葉にすることは，子どもにとってはハードルが高いと感じていることも多いものです。

　Mentimeter では，選択肢や単語入力式の投票，文章入力など，回答方法を選択することができます。実態に合わせて，言葉がなかなか出にくい子どもには最初は選択肢から選ばせ，徐々に単語の記述へと移行していくなど，楽しく自身の知覚や感受に向き合えるとよいですね。

聴き深めるための対話の手がかりに

①画像のようにあらかじめ「問い」を設定して，聴取するよう促します。
②子どもは問いを意識しながら鑑賞を行い，選択肢から拍子について回答を選びます。

③表示されている回答結果を見ながら，数回繰り返して鑑賞します。
④ワードクラウドのタイプのものを用いて，この拍子感がどのようなイメージや感情を生むか，言葉（単語）で入力します。

　ここで大切なことは，一度の鑑賞と回答で終えずに，シェアされたお互いの考えを見ながら，再度鑑賞を繰り返すことです。考える手がかりを増やしながら聴くことで，新たな聴こえ方が生まれるはずです。実態に応じて，単語・文章入力へとステップアップしていき，音楽と言葉をつなぐ手立てとします。

　また，みんなの意見が集約されたものを見ることのみで終わるのではなく，それを手がかりとして対話を始め，聴き深めていくことを大切にしてください。

（中原　真吾）

Mentimeter で
意見を集計して即表示しよう

アプリはこちら↓

ア プ リ 名	Mentimeter
領 域 等	鑑賞
U R L	https://www.mentimeter.com/

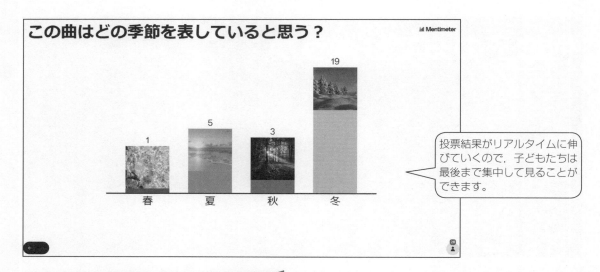

この曲はどの季節を表していると思う？

春　　夏　　秋　　冬

投票結果がリアルタイムに伸びていくので，子どもたちは最後まで集中して見ることができます。

意見集約の仕方を考えよう

　子どもたちから意見の集約をする際，そしてそれを全体に共有する際には，色々な見せ方が考えられます。オンラインの意見集約アプリ Mentimeter を使えば，ワードクラウドのように投票数の多い言葉を大きく表示したり（No.61），選択肢投票型のように選択しにどれだけ投票したかをリアルタイムに表示したり（No.62）することができます。またここで紹介するように，**投票数を棒グラフで順位表示する**機能もあります。

リアルタイムにみんなの考えを知ろう

　図は，ヴィヴァルディの四季から1曲聴いてもらい，その曲にどの季節を感じたか投票してもらった結果です。

　見てわかる通り，選択肢のキーワードと共にイメージを挿入することができます。授業のねらいに合わせてどのような記号で選択肢にするか選ぶことができるのはとてもよいですね。

　このアプリのよいところは，子どもたちが投票するとそれが即座に反映され，アニメーションを伴って結果が表示されることです。

　もしこれが紙や挙手なら，一つずつ集計をして板書をしてといった時間が必要ですが，その時間が必要なくなるため，鑑賞曲のより深い理解へと授業を進めることが可能になります。

　事前に教材としてつくっておいて，複製すれば複数のクラスで使うことができます。

（瀧川　淳）

カメラの撮影で
音楽にぴったり合う風景を見つけよう

■ ア プ リ 名 　カメラ
■ 領 域 等 　鑑賞
■ U R L 　プリインストール

音楽に合う情景を見つけてパチリ

　鑑賞の授業では，音楽を聴いて場面や様子，情景などを思い浮かべ，絵を書く活動などがよく行われます。しかし，想像した情景を絵で表すのは案外難しく，苦手意識をもってしまう子どももいるようです。そんな時は，音楽にぴったり合う情景を見つけて，カメラで撮影してみましょう。苦手な子どもも生き生きと活動できます。草や花，樹木などの自然，校舎，風景など音楽にぴったり合う情景を見つけて写真を撮りましょう。

①鑑賞曲を聴きます。
②学校のなかで鑑賞曲にぴったり合う情景を探して写真を撮ります。
③撮影した画像をグループで交流します。

　この時，なぜその情景がぴったりだと思ったのか理由も話します。

スライドショーの制作

　カメラで撮影した写真を活用して入学式，卒業式用のスライドショーを制作することもできます。パワーポイントに写真を貼り付け，MPEG-4形式で保存するとかんたんです。子どもたちの合唱などに合わせて再生してもよいですね。

　じっくり見せたい写真は少し長めに4～5秒，ちょっとした風景は1～2秒に設定すると，完成度がぐっと高くなります。

（城　佳世）

カメラでつくったお手本動画で合奏練習をしよう

■ ア プ リ 名　カメラ
■ 領　域　等　表現（器楽）
■ U　R　L　プリインストール

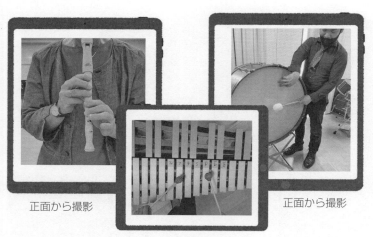

正面から撮影

手元を撮影

正面から撮影

この動画があれば，
一人でも練習できるね！

合奏の困りごとを動画で解決

　子どもが大好きな合奏の授業。ですが先生にとっては，少し面倒なのも確かです。その理由は大きく３つあります。

　①楽器の準備
　②楽器の演奏方法の指導が難しい
　③先生の目が届かない

　①はともかく，②③は先生が事前にお手本動画をつくっておくことでかんたんに解決できます。子どもはタブレットの動画を見ながら，自分で練習を進めることができるからです。Teams や Google Classroom などで共有すれば，ゆっくりの速度で再生することも可能です。お手本動画は一度作成しておけば何度も繰り返して使えます。夏休みなどに他の先生と協力して作成しておくのもおすすめです。上手な子どもの演奏を録画するのもよいでしょう。

楽器別の動画作成のコツ

　リコーダー，カスタネット，トライアングル，大太鼓などは正面から撮影します。撮影した動画は，動画編集アプリなどをつかって反転させます。

　鍵盤ハーモニカ，ピアノ，木琴，鉄琴などの鍵盤楽器は演奏者の肩越しに，鍵盤及び手元を撮影します。

（城　佳世）

カメラの活用で
声をそろえて素敵な合唱をつくろう

■ ア プ リ 名　カメラ
■ 領　域　等　表現（歌唱）
■ Ｕ　Ｒ　Ｌ　プリインストール

口の形はそろっている
かな？

ＡさんとＢさんの口の
開け方は同じかな？

ぴったりそろうと気持ちがいいね

　発声練習をして，指揮をきちんと見て，ブ
レスもそろえて歌っているのに，なぜか歌声
がバラバラに聴こえてしまう………そんなこ
とはありませんか。このような時，試したい
のが「口の形をそろえること」です。口の形
を意識すると，びっくりするほど歌声がそろ
います。次のような流れで授業を進めてみま
しょう。

授業の流れ

①タブレットを，三脚などに固定します。
②子どもたちが歌っている様子をカメラで録
　画します。できるだけ口の形が映るように
　します。
③録画した映像を確認します。クラス全員で
　確認したい時は大型のモニターで視聴しま

す。または，パートに分かれてタブレット
を視聴します。
④子どもたち自身にどのような口の形で歌っ
　たらよいのかを考えさせます。母音の形を
　確認するとよいでしょう。
⑤練習したら，再度録画をして確認します。
　これを何度か繰り返します。

　カメラを活用することで「何をどうしたら
よいか」を可視化できます。また映像を確認
することで，子どもたち自身に課題意識をも
たせることができます。

（城　佳世）

カメラで上手そうな姿勢を習得しよう

- ■ アプリ名　カメラ
- ■ 領域等　表現（歌唱，器楽）
- ■ URL　プリインストール

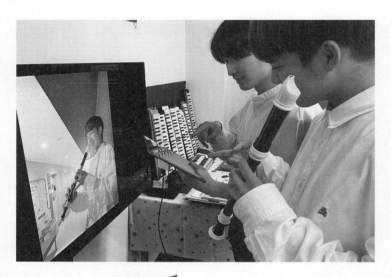

演奏する際の姿勢は大事！

　演奏は姿勢一つで変わるものです。和楽器のみならず，子どもたちに親しみ深いリコーダーや打楽器なども<u>姿勢に気をつけることで，響きのあるとてもよい音に変わる</u>ことがあります。**なにより演奏が上手に見えます。**

　一方，先生から「姿勢に気をつけて」と言われても，なかなか自分の演奏する姿は見えませんし，その時はシャンとするけれども，すぐにまた身体が楽な姿勢に戻ってしまうことがないでしょうか？

　そこでタブレットのカメラ機能を使って，友達同士，演奏する姿勢を撮影し合って確認してみてはいかがでしょうか。普段の自分の姿勢に驚くと共に，もっとよい姿勢を友達と主体的に追求し合えるでしょう。

カメラで自分の演奏する姿を撮影する

　このアイデアは，タブレットにインストールされた**カメラ**で撮影するだけです。きっと先生も子どもたちもカメラアプリを使ったことがあると思います。つまり，アイデア次第で，普段の何気なく使っている使い方も授業に生かせるのです。

　まずはペアやグループで，演奏している姿を撮影し合い，演奏が一番上手く見える人を推薦しましょう。そしてそれをみんなで真似てみてもいいし，大型スクリーンにつないで，クラス全体で共有するのもいいと思います。

　良い姿勢の例は，<u>タブレットで「○○奏者」と検索して，プロ奏者の画像を参考に</u>してみてはどうでしょうか。自分の姿勢を知り，そして上手な姿に憧れをもつことが，姿勢に対して自覚的になる第一歩です。　（瀧川　淳）

No. 68 メモアプリでグループ活動を深めよう

- ■ ア プ リ 名 メモ App（iOS）
- ■ 領 域 等 表現（グループ活動）
- ■ U R L プリインストール

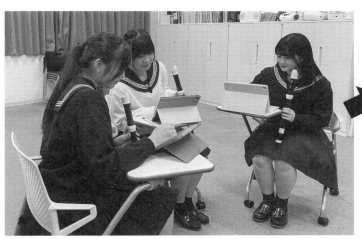

グループの「一歩」を確かなものに

アプリ内のメモを「共同制作」のモードにして，指定したユーザー間で共有します。誰でも設定ができるので，その場でランダムに組んだグループにも対応可能です。

グループ活動では，メモのチェックリストを次のように活用してみましょう。

①教師は活動の流れ（学習課題）をチェックリストにしたメモを作成し，そのコピーをグループリーダーに送信します。

②リーダーはそれを「共同制作」のモードにしてメンバー（＋教師）と共有します。

③各自の考えを出し合い，表現のポイントを整理してチェックリストにします。

ToDo リストの要領でクリアできたところにチェックを入れるようにすると，学習課題や表現のポイントをグループみんなで意識し，

達成を確認し合いながら学習を進められます。教師も各グループの進み具合を把握し，指導に役立てることができます。

トライアルを重ねて表現を追求しよう

③の「考えを出し合う場面」では，メモに楽譜を貼り付け，各自の考えを直接楽譜に書き込んで説明します。また，そのアイデアを実際に演奏してみます。楽譜への書き込みは各自の手元で見られるので，みんなでひとつの楽譜を覗き込まなくて済みます。書き込みがあると「どこをどう工夫するか」が明確になり，演奏した感触も含めてより深い意見交換が可能になります。共同でメモに書き込むときは，各自ペンの色を変えるとよいでしょう。アンサンブルを支えるメモをグループ全員で手がけてみましょう。

（鶴岡　翔太）

メモアプリで演奏発表を充実させよう

■ ア プ リ 名　メモ App（iOS）
■ 領 域 等　表現（器楽）
■ U R L　プリインストール

発表者の工夫を理解して演奏を聴こう

　練習を重ねていくと，どのグループの工夫も吟味され，それぞれの演奏のウリがはっきりしてきます。発表者の工夫を理解して演奏を聴き，演奏効果も踏まえながら他グループの目の付けどころを把握しましょう。そのために，教師は次の準備をします。

①演奏を聴いた感想等を入力するフォームを作成しておき，その QR コードを各グループのメモに貼り付けます。

②各グループの発表時に，そのグループのメモを大型テレビに映し出します。

　聴き手は大型テレビに映された QR コードを読み取って，フォームを開きます。発表者は，演奏前に表現の工夫について説明します。大型テレビにメモを映すと，聴き手は工夫が書き込まれた楽譜を目で追いながら演奏を聴くことができ，発表者が「工夫したことを演奏で表せているか」を判断しやすくなります。

演奏発表を生かして自分を見つめよう

　演奏発表の際に，各グループの演奏を録画しておきます。発表終了後，「演奏のビデオ」と「演奏に対する聴き手のコメント」を各グループの共有メモに貼り付ければ，グループでの取組がひとつになったポートフォリオの完成です。ビデオを再生すれば自分たちの演奏を客観的に見直せ，聴き手のコメントを参考にしながら振り返りを深めることができます。

　メモアプリで「発表者の工夫－実際の演奏－聴き手の受け止め」をつなぎ，演奏発表の場でしか得られない学びを，より確実なものにしましょう。　　　　　　　（鶴岡　翔太）

録音機能で歌声をモニタリングしよう

■ ア プ リ 名　録音機能（※録音機能のあるアプリならどれでも可能）
■ 領 域 等　表現（歌唱（合唱））
■ U R L　プリインストール他

録音ボタンはやる気スイッチ!?

　演奏をよりよくするには，自分（たち）の演奏の現状を把握することが重要です。ですが，歌いながら自分の声をモニタリングするのは，そう簡単なことではありません。そんな時こそ，録音機能の出番です。

　合唱練習では，一人一人が録音機能のあるアプリを起動させ，両手間隔に広がります。タブレットのマイクを口元に近づければ，クラス全員で歌っても問題なく自分の声を記録することができます。仲間の歌声は，バックコーラスのように録音されます。録音を聴くと「○○が□□になるといいな」「思ったよりも△△だな」といった気付きが得られ，必要感をもって学習課題を見つけられます。「今の自分」が，次の学びを紡ぐ等身大の教材になるわけです。「○○を改善するために

〜〜な練習をしてみよう」といった練習の仕方を試す姿も期待できます。教師が問題点を指摘しなくても，録音ボタンを押すだけで主体的な学びを引き出すきっかけがつくれます。

「いつもの歌声」を技能の評価資料に

　紹介した方法で録音した歌声は，次の理由から合唱活動の有力な評価資料となります。
○授業で練習している時と同じ状況（環境）で歌った歌声を記録できる。
○伴奏や仲間の歌声も録音されるので，全体の中での個人の歌声を聴くことができる。

　録音を提出させれば，改まった状況で実技テストをする必要はなくなります。録音を聴きながら教師のコメントを確認すると，そのコメントが歌声を高めるためのアドバイスに見えてくるはずです。

（鶴岡　翔太）

■ ア プ リ 名 　録音（ボーカルリムーバー）
■ 領 域 等 　表現（創作）
■ U 　 R 　 L 　https://vocalremover.org/ja/voice-recorder

詩のイメージに合う音素材を集めよう

　BGM づくりに必要な素材を思い思いに集め，借り物ではない音素材をもとにハンドメイドの BGM をつくりましょう。
①教師は子どもがイメージを膨らませやすい詩（教師作を含む）をいくつか用意します。
②子どもは詩をひとつ選び，イメージに合う音素材を集めます。自然音や環境音を録音して持ち寄っても，身の回りにあるものや打楽器で音素材をつくっても OK です。
③集めた音素材をパッチワークのようにつなげて BGM をつくります。
　ボーカルリムーバーの「録音」（No.18）では残響や音質の調整もできます。ただし，Web アプリはネットワークへの接続環境にないと使用できません。屋外での音探しには，端末にプリインストールされた録音機能を使いましょう。

　「録音」では音声をトリミングできるので，表したいイメージにマッチするように音素材を整えていきましょう。音素材を調整する際には，BGM 全体の構成や素材同士のつながりに自然と意識が向きます。最終的な学習場面を見据えた下ごしらえが「音素材をつなげる活動」を成功へと導きます。

音素材をつなげて BGM を完成させよう

　「オーディオジョイナー」（No.12）を使うと，複数の音素材をひとつに結合することができます。この機能を活用して BGM を完成させましょう。音素材のつなぎ目にフェードイン・アウトを加えると，音楽が洗練されます。最後に BGM を再生しながら詩を朗読するなどして，つくった BGM の効果を実感できるようにしましょう。　（鶴岡　翔太）

Song Maker で「かえるの歌」の変奏曲をつくろう

アプリはこちら↓

■ ア プ リ 名　Song Maker
■ 領 域 等　表現（音楽づくり，創作）
■ U　R　L　https://musiclab.chromeexperiments.com/Song-Maker

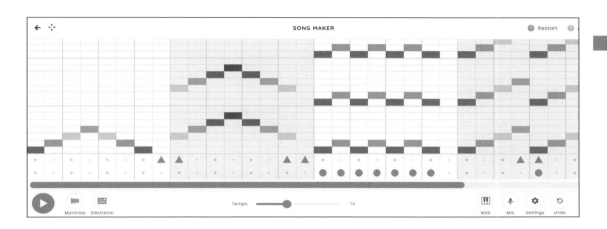

Song Maker の利点を生かして

　Song Maker は，つくった音楽がすぐ音になるため，音楽を形づくる要素を操作しながら，簡単に音楽づくりを楽しめます。また，本アプリは，雛型を配布して書き足していくような創作の活動に向いているアプリです。

活動のプロセスは？

①変奏曲の理解

　既存の変奏曲（モーツァルト作曲『きらきら星変奏曲』やシューベルト作曲『ます』など）を鑑賞して，変奏曲の仕組み等を理解します。

② Song Maker に慣れる

　操作に慣れるまでアプリで音遊びをします。

③ Song Maker での変奏曲づくり

　教師があらかじめ旋律のみ入力した雛型（QR コード参照）を配布します。

かえるの歌の雛型

　この雛型に書き足しながら変奏曲をつくっていきます。

　はじめに示すヒントとして，次の 3 つを提示します。

①音を重ねる

②音を付け足す

③旋律を追いかける

　『かえるの歌』と判断つかなくなるほどにアレンジしないことも条件として加えます。活動しながら，様々なアレンジのアイデアを思いついた子どもがいたら紹介して共有したり，先生が手立て（例えば，リズムをずらす，繰り返すなど）を示したりするようにします。

（松長　誠）

Song Maker で
和音進行を生かして旋律をつくろう

アプリはこちら↓

■ ア プ リ 名　Song Maker
■ 領　域　等　表現（音楽づくり，創作）
■ U　　R　　L　https://musiclab.chromeexperiments.com/Song-Maker

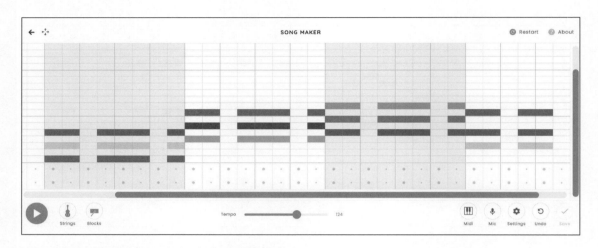

I－IV－V－I の理解の上で

　『茶色の小びん』（ウィナー作曲）など，I－IV－V－I でできた楽曲を聴いたり演奏したりするなどして，和音の構成音や和音進行についての理解を深めます。

伴奏を選んで旋律づくりに取り組む

　4つの雛型（QRコード参照）から好きな雛型を選び，既に入力された伴奏の上に音を書き足していくようにして旋律づくりに取り組みます。
①コード伴奏
https://musiclab.chromeexperiments.com/Song-Maker/song/4751854718418944
②分散和音の伴奏
https://musiclab.chromeexperiments.com/Song-Maker/song/4904381335207936

③サンバ伴奏
https://musiclab.chromeexperiments.com/Song-Maker/song/6506673763254272
④スウィング伴奏
https://musiclab.chromeexperiments.com/Song-Maker/song/5897295280472064

①	②	③	④

　伴奏をいくつか用意することによって，旋律づくりの意欲や可能性が広がります。

（松長　誠）

BandLab の多重録音で音楽づくりをしよう

- アプリ名　　BandLab
- 領域等　　表現（音楽づくり）
- U　R　L　https://www.bandlab.com/

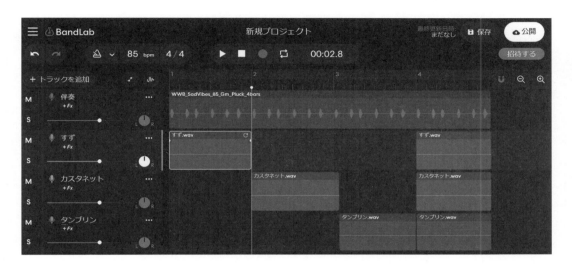

多重録音で深める創作・音楽づくり

　小学校の学習指導要領の音楽づくりの内容に「音やフレーズのつなげ方や重ね方」についての記載があります。元来つなげたり重ねたりするためには，他者と協働する場面が必要ですが，協働な活動では個々がどのように音楽づくりと関わったのか見えづらいことや，人数等によって活動が成立しづらいという課題もあります。BandLab を活用することで，一人でも，つなげたり重ねたりする音楽づくりが楽しめるようになります。

伴奏に重ねて録音していく

　4小節で音が重ねやすく拍感のある伴奏を用意して，配布できるようにしておきます。活動のはじめに，音楽づくりの条件（伴奏の長さに合わせて音をつなげたり重ねたりして，

リズムによる音楽をつくること）を確認します。次に，使いたい打楽器を数個選び，設計図を考えます。

小節	1	2	3	4
すず	○			○
カスタネット		○		○
タンブリン			○	○

設計図の案

　上の表のようにそれぞれの楽器でどんなリズムが合うかを考えながら，ひとつずつリズムを録音していきます。最後の小節は，全ての楽器で終止感のあるリズムを考え，重ねるようにします。

（松長　誠）

Google Classroom を音楽授業でも構築しよう

■ ア プ リ 名　　Google Classroom
■ 領　域　等　　授業マネジメント
■ U　　R　　L　　https://classroom.google.com/

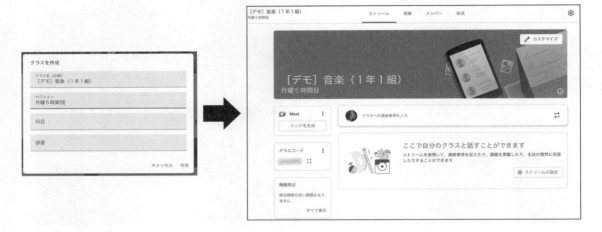

授業マネジメントに便利なクラスルーム

　１人１台端末の時代になって Google Classroom や Microsoft Teams といった LMS（学習管理システム）を使用している学校は多いと思います。すでに学級ごとの他，授業ごとに Classroom を構築している学校もあるかもしれません。

　もしまだの場合には，学校で使われている LMS で音楽授業の Classroom を設定してみてはいかがでしょうか。

Classroom を構築するとできること

　Classroom を構築すると，そのクラスに参加する子どもたちとインタラクティブなやりとりができるようになります。全員や個別にメッセージをやりとりできるようになり，**課題の作成や提出**，また**自動採点**，**集計**など

もできるので，かなりの時短になり，先生方がより一層授業に集中できるようになるのではないかと思います。

Classroom のつくり方

①先生の Classroom からクラスを作成します。クラス名など必要情報を記入して「作成」をクリックします。

②次に作成したクラスへ子どもたちを招待します。招待の方法はいくつかあります。各クラスルームには「**クラスコード**」が付与されるので，それを何らかの方法で子どもたちに伝えたり，**招待リンク**を子どもたちにメールで送信して，クラスに参加させます。

　以上で，課題の作成・提出・採点やメッセージの送信が可能になります。

（瀧川　淳）

Google Classroom で
振り返りを共有しよう

アプリはこちら↓

■ ア プ リ 名　Google Classroom
■ 領 域 等　授業マネジメント
■ U R L　https://classroom.google.com/

質問を作成する画面

子どもたちが実際に
回答する場面

Part3
アプリを生かした音楽授業アイデア

Google Classroom で
使用できるアプリ

　Google Classroom を構築すると，先生は「(テスト付きの) 課題」や「質問」，「資料」を作成することができ，それらをトピック (例えば，単元や授業) ごとにまとめ，整理することが可能です。

　また，課題や質問，資料では，**YouTube のリンク**を貼ったり，クラウド上の資料を添付したり，さらには，**ドキュメント**，**スライド** (No. 4)，**スプレッドシート**，**図形描画**，**フォーム**といった Google のアプリを直接使用することが可能です。

各自の振り返りをクラスで共有する

　授業の終わりに，各自，自分の学びを振り返ることはよくあります。紙に書いて提出では，先生と子どもとの個別のやりとりになっ

てしまい，それをクラスで共有したい場合には，少し手間がかかります。そんな手間を省くために，Classroom を活用してみましょう。

振り返り質問をつくる

①上中央の授業を開いて，「＋」をクリックして「質問」を作成します。

②質問を記入し，**対象**や**点数**，**期限**，**トピック**を決め，**質問を作成**します。

③もし子ども同士で振り返りを見たり，その振り返りに返信できるようにしたりするには「生徒はクラスメートに返信できます」にチェックを入れます。

④子どもたちは，自分の端末で振り返りを書いて「**提出**」することで，他の子どもたちや先生が振り返りを確認し，コメントできるようになります。

（瀧川　淳）

Google Classroom で
意見をグラフ化しよう

アプリはこちら↓

■ ア プ リ 名　　Google Classroom
■ 領 域 等　　授業マネジメント
■ U　R　L　　https://classroom.google.com/

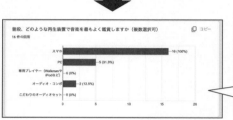

> 子どもが記入した回答は自動的に集約され, 見やすいグラフで表示されます。

Google Classroom の Forms

　Google Forms（フォーム）は, オンラインアンケート作成アプリです。No.76では Google Classroom の**課題**を使った意見集約をしましたが, 今回は Classroom から簡単に作成できる **Forms** を使って, <u>より効果的な意見集約</u>をしてみましょう。

子どもたちの意見をグラフ化する

　例えば, 音楽を聴く際に子どもたちが普段使っている音響機器を調査したいとします。
① Classroom の授業から**質問**（**課題**や**資料**でも Forms を作成可能）を作成します。
②質問を入力します（必要に応じて課題の詳細を入力します）。
③**添付**の真ん中にある４色の（＋）から**フォーム**を選択するとフォームが開きます。

④ Forms に質問を入力します。**自由記述**や**選択肢**など, 色々な回答方法で答えさせることが可能です。
⑤質問を記入して, 回答方法を選び, 回答を記入したら Classroom に戻ります。なお, 作成したアンケートは先生の Google Drive に保存されます。
⑥作成したアンケートは Classroom を介して子どもたちに回答してもらいます。
⑦アンケートを作成したアカウント（大抵は先生のアカウント）から Forms を開き, 画面中央の**回答**から集約された回答を見ることができます。選択肢問題は, グラフで表示されますので, すぐに子どもたちと共有できるでしょう。
　この回答データはスプレッドシートとして保存することができます。

（瀧川　淳）

Google Classroom で
個別学習を促進しよう

アプリはこちら↓

■ ア　プ　リ　名　Google Classroom
■ 領　域　等　授業マネジメント
■ U　　R　　L　https://classroom.google.com/

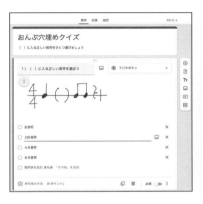

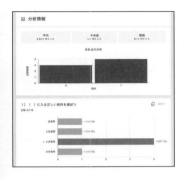

Google Classroom のテスト付き課題

　Google Classroom は自動採点できるテスト課題をつくることができます。自由記述などの採点は難しいかもしれませんが，単語の穴埋めや選択肢問題などは採点が容易です。問題にはイメージも表示できるので，例えば，カメラで撮影した手書きの画像もテスト問題として見せることができます。子どもたちはテストを実施したらすぐに点数や正答を知ることができるようにも設定できます。また解答にコメントをつけることができるので，一人でも学びを進めることができるでしょう。

　テストの進捗状況は，全体の統計や個別の進度で確認でき，子どもの習得度が把握できます。スキマ時間などにさっとできる小テストをつくっておき，音楽的な理解の定着などに使用してみてはいかがでしょうか。

テスト付き課題のつくり方

　作成方法は No.77 と似ています。

① Classroom の授業から**テスト付き課題**を選択すると，自動的に Blank Quiz が作成されるのでクリックします。

②質問を記入し，回答方法を選んだら，回答を記入します。手書きのイメージなどは回答アイコンの左隣にある**イメージアイコン**から挿入します。

③左下の**解答集を作成**をクリックして，正答を選択し，必要に応じて，点数やフィードバックを追加して，完了します。

④同じ手順で，次の問題を作成します。

　作成したテスト問題は，他の Classroom にも取り込むことができるので，一度作成すると別のクラスでも活用できます。

（瀧川　淳）

No. 79 ボーカルリムーバーで伴奏音源をつくろう

アプリはこちら↓

- アプリ名　ボーカルリムーバー
- 領域等　授業マネジメント
- U　R　L　https://vocalremover.org/ja/

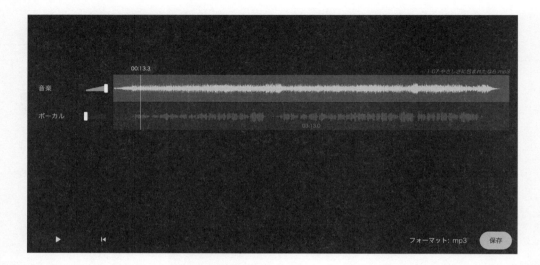

伴奏ファイルを作成しよう

　先生や子どものピアノ伴奏でみんなが声を合わせて歌う。なんてすてきな音楽の授業でしょうか。でもポップスなどは，たまには，ビートが効いたノリのあるオリジナルの伴奏で歌ってみると表現の幅が広がります。子どもたちには，多種多様な表現の可能性を伝えたいですね。

　授業で歌っている曲のカラオケ音源があれば，それを使用することができますが，場合によっては，歌入りの音源しかない場合があります。そんな時にはボーカルリムーバーを使って，歌と伴奏を分離させた伴奏のみ（また歌のみ）のファイルをつくってみてはどうでしょうか。

　きっといつもと違った子どもたちの歌が音楽室に響くと思います。

声と伴奏を分離したファイルをつくる

①音源ファイルを用意します。

② Web アプリで読み込みます。ファイルをブラウザに**ドラッグ＆ドロップ**することでも，中央下にある**ファイルを選択**からでも読み込むことができます。

③読み込みが終わると，音楽とボーカルの波形が表示されます。

④左下の**再生アイコン**（▶）から再生してみましょう。再生中にも音楽とボーカルの**音量バランスを変更**することができます。

⑤**保存**する場合は，**フォーマット**（mp3かWAV）を決め，右下の**保存アイコン**から音楽のみ・ボーカルのみ・音楽＋ボーカルを選択して保存します。

（瀧川　淳）

オーディオカッターで
音楽ファイルを加工しよう

アプリはこちら↓

■ ア　プ　リ　名　オーディオカッター
■ 領　域　等　授業マネジメント
■ U　R　L　https://vocalremover.org/ja/cutter

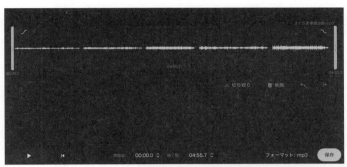

> 左右のスライダーを使って，もしくは中央下の開始値と終了値を指定してカットする部分を指定します。

音楽ファイルを使いやすいように加工

　音楽ファイルを授業のねらいに合わせて使いやすいように事前に加工できれば，授業をよりスムーズに展開することができます。

　例えば，変奏曲はテーマといくつかの変奏から構成されますが，それらはひとつの音楽ファイルにまとめられていることがほとんどです。**オーディオカッター**を使えば，テーマと変奏ごとのファイルに分割することが可能です。

　ここでは，Web アプリであるオーディオカッターを使用したファイルの分割の方法について説明します。

変奏曲をテーマと各変奏に分けよう

①まず変奏曲のファイルを用意します。
②そのファイルをブラウザに表示されているオーディオカッターに**ドラッグ＆ドロップ**するか，**選択アイコン**から取り込みます。
③取り込まれたら，**波形ファイル**が表示されます。波形が上下に大きく表示されている部分と波形のない部分があります。波形のない部分が音楽の切れ目です。その部分まで右の**スライダー**を移動します。再生（▶）してみて切れ目を確認してみましょう。よければ右下の**保存アイコン**で保存します（**フェードイン・フェードアウト**を使用すると始めと終わりがきれいになります）。
④すべての変奏を保存し終わるまで同じ作業を繰り返します。
⑤ファイル名はねらいに合わせて工夫するとよいでしょう。

（瀧川　淳）

オーディオジョイナーで曲をひとつにまとめよう

アプリはこちら↓

- アプリ名　オーディオジョイナー
- 領域等　授業マネジメント
- URL　https://vocalremover.org/ja/joiner

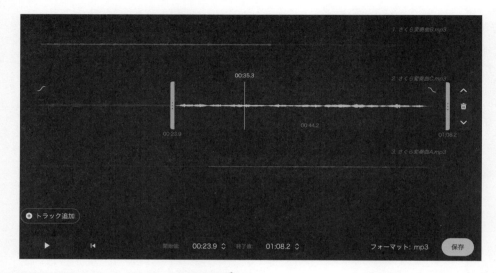

○○会などでより便利な音源をつくろう

運動会や音楽会，その他の発表会などで使用する音楽はかなりの曲数になると思います。また一学年の出し物に複数の曲を使用することもあるのではないでしょうか。

そんな時，曲ごとのファイルの準備や曲の入れ替えはとても緊張すると思います。なるべく使用する音楽ファイルは少ない方がいいでしょうし，まとめられるといいのではないかと思います。

オーディオジョイナーは，複数の音楽ファイルをひとつにまとめるための Web アプリです。教材づくりやイベントなどにぜひ活用してみてください。

音楽ファイルのまとめ方

①ひとつにまとめたいファイルを用意します。

②それらをすべて**ドラッグ＆ドロップ**するか，**ファイルを選択アイコン**から Web アプリに取り込みます。

③取り込まれたファイルが波形として表示されますので，まずファイルの並んでいる順番を確認します。もし順番が違うようなら，各ファイルの右端にある**入れ替えアイコン**（∧と∨）を使って入れ替えます。

④必要なら**スライダー**を使って**トリミング**したり，**フェードイン・フェードアウト**を加えます。

⑤保存する前に，再生（▶）して確認してみましょう。

⑥よければ，右下の**保存アイコン**から保存します。

（瀧川　淳）

オーディオジョイナーで
変奏曲を学ぼう

- アプリ名　オーディオジョイナー
- 領域等　鑑賞
- URL　https://vocalremover.org/ja/joiner

それぞれのトラックの山形のアイコンをクリックすると演奏順を入れ替えることができます。

変奏曲の順番は大切？

　ある主題（テーマの旋律）と共に，その主題を基に作曲家が創意工夫を凝らして様々に形を変えて作曲したいくつかの変奏から構成される変奏曲。その配列の仕方にも作曲家の意図が隠されています。

　作曲家が作曲した変奏を並べ替えて鑑賞してみることで，作曲家が意図した構成のなぞに迫ってみましょう。

　まず素材を用意します。

①**変奏曲の音源**を用意します。

②オーディオカッター（No.80）を使って，変奏曲ごとのファイルを作成します。ファイル名は，ねらいに応じて，わかりやすいものにするとよいでしょう。

③その素材を子どもたちの端末にあらかじめ配信します。

自分たちで変奏曲の順番を考えよう

　まず主題を全員で確認します。そしてこの主題に基づいて，いくつかの変奏があることを伝えます。主題がわかりやすい変奏を使って，実際にどのように主題が変奏しているかを確認してもよいでしょう。

　次に，子どもたちは，自分の端末で各変奏を鑑賞します。ワークシートを用意してそれぞれの特徴を書いてみましょう。

　そして，主題と変奏をオーディオジョイナーに取り込みます。図のように取り込んだ曲が並べられます。このアプリは，各トラックの右側にある山形のアイコンでこの並び順を自由に変更して再生することができます。個人やグループで考えた変奏順を発表して，みんなで話し合ってみましょう。

（瀧川　淳）

カラオケ録音で創意工夫を高めよう

アプリはこちら↓

■ ア プ リ 名　　カラオケ録音
■ 領 域 等　　表現（歌唱，器楽）
■ U R L　　https://vocalremover.org/ja/karaoke

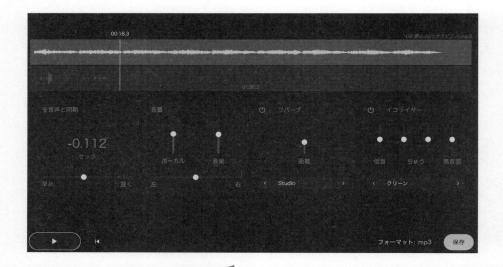

自分たちの創意工夫を高めよう

　カラオケ録音は，伴奏音源に合わせて自分の歌や楽器の演奏を録音することができるWebアプリです。

　録音した自分たちの演奏をすぐに確認したり聴き合ったりすることができるので，自分たちの考えた創意工夫がちゃんと表現できているか，また聴き手に伝わっているかを確かめることができます。

　なお，録音する際には，伴奏はイヤホンなどを使って聴きましょう。

音楽のディレクターになろう

　カラオケ録音は，簡単な編集ができます。**旋律と伴奏のバランス**や**リバーブの距離**，また**イコライザー**を調整して，プロのアーティストの気分を味わってみるのもよいですね。

アプリの使い方

① Webアプリをブラウザに表示して，用意した伴奏音源をドラッグ＆ドロップするか，**ファイルを選択**アイコンから取り込みます。

②右下の歯車アイコンをクリックして，収録するマイクやその他の機能を確認したら，右上の×アイコンから元の画面に戻ります。

③下中央の録音ボタン（●）をクリックして録音します。終了するには（■）をクリックします。

④図のように画面が変わりますので，再生して（左下の再生アイコン（▶））録音を確認します。色々調整してみて，上手くできたら保存します。

（瀧川　淳）

No. 84 動画編集アプリで 音楽に合ったムービーをつくろう

アプリはこちら↓

- ア プ リ 名　iMovie 他
- 領　域　等　表現（音楽づくり，創作），鑑賞
- U　　R　　L　https://www.apple.com/jp/imovie/ 他

怒るすなネコ

イメージ（画像や動画）と音楽が別々に表示されるので，音楽に合わせてそれぞれのイメージの再生時間を調整することができます。またイメージにテキストを挿入することもできます。

画像と音楽をつないでムービーをつくる

　動画編集アプリ（No.13，14）は，例えば，紙に書いた複数枚の絵をのりで貼り合わせてひとつの作品をつくるかのように，とても直感的にムービーをつくることが可能です。また，そこに音楽をつけることができるのが大きな特徴です。

　今回提案するアイデアは，音楽に合ったムービーをつくろう，です。鑑賞曲のイメージや構成を表すような映像を考えて，動画編集ソフトで音楽と貼り合わせます。映像そのものは，絵で描いたものをカメラで取り込んでもよいし，カメラで動画を撮影してもよいですね。要所要所の場面を個別につくって，それぞれを音楽の場面に合った表示時間に設定することで，音楽の展開に合った音楽ムービーを作成することができます。

音楽ムービーのつくり方

①グループや個人で鑑賞曲を聴き，その曲の場面場面に合ったイメージや構成を話し合い，書き出します。

②その場面場面に合ったイメージを描いてタブレットに取り込んだり，動画を撮影します。

③それらの素材と鑑賞曲のファイルを動画編集アプリに取り込みます。

④音楽に合わせて，イメージや動画を配置します。テキストを入れたり，イメージの移り変わりにトランジションを加えてもよいでしょう。

　iMovie，Clipchamp は操作に若干違いはありますがつくり方は似ています。なお，Google フォトは現在のところ，自由に音楽を選ぶことができません。　　　（瀧川　淳）

動画編集アプリで鑑賞教材をつくろう

アプリはこちら↓

■	ア プ リ 名	Microsoft Clipchamp 他
■	領 域 等	授業マネジメント
■	U R L	https://clipchamp.com/ja/ 他

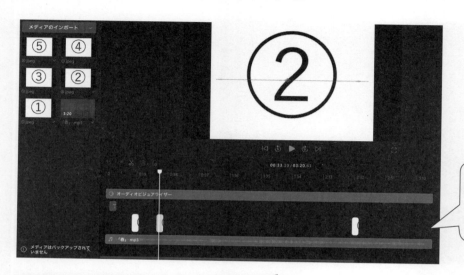

演奏と一緒に，配置した位置に，自分が設定した長さだけ，番号を表示するような鑑賞教材を作成しました。

鑑賞動画をつくろう

　例えば，ヴィヴァルディの「春」の第１楽章は，ソネットに基づいて５つの場面が音楽によって表されています。

　この５つの場面を感じ取らせることが容易な鑑賞動画を教材として作成してみます。

　動画編集アプリ（No.13，14）では，音楽に合わせて，自分の好きな場所に画像を配置して表示させることができます。こういった教材を事前に作成しておき，子どもたちの端末に送信しておけば，子どもたちは，自らの学びのスピードで，曲を味わい，深めることができるでしょう。

鑑賞動画のつくり方

①ヴィヴァルディの「春」であれば，場面場面を表す番号（①〜⑤）の**画像ファイル**を作成しておきます。

②画像ファイルと音源を<u>動画編集アプリに取り込みます</u>。

③音楽に合わせて，<u>画像ファイルを配置します</u>。冒頭にテキストで曲名や設問を入れると，個別学習のための教材としても活用することができます。

　上記の画像はオンライン版の Clipchamp（No.14）を使用しているので，どの OS のタブレットや PC でも同じような鑑賞動画の教材を作成することが可能です。その他のアイデアとして，例えば，演奏に合わせて使われている楽器を表示したり（もしくは逆に「この部分で使われている楽器は何？」といった質問動画），歌唱であれば，歌詞や画像を入れた動画を作成してみたりしてはいかがでしょうか。

（瀧川　淳）

No. 86

Web アプリで
お囃子の旋律をつくろう

アプリはこちら↓

- アプリ名　ラドレの音でおはやしのせんりつをつくろう！
- 領域等　表現（器楽，音楽づくり，創作）
- U R L　http://www.kumamoto-kmm.ed.jp/kyouzai/web/Melody-makingJP-V4/index.html

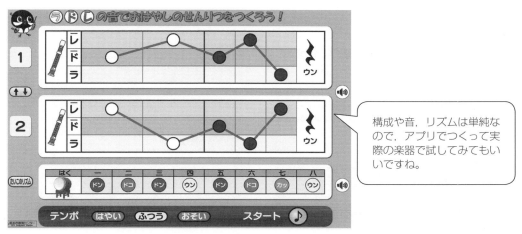

構成や音，リズムは単純なので，アプリでつくって実際の楽器で試してみてもいいですね。

出典：e-net（熊本市地域教育情報ネットワーク）http://www.kumamoto-kmm.ed.jp/

Web アプリでお囃子

このアプリは熊本市の提供するオリジナル教材アプリです。「ラドレの音でおはやしのせんりつをつくろう！」では，4小節の旋律とそれに合ったたいこのリズムをつくることができます。作品は，2小節ごとの旋律やたいこのみでも再生することができるので，要所要所を確認することが可能です。またテンポも3種類から選ぶことができます。

お囃子の音楽づくりのアイデアを得るために使用することもできるでしょうし，このアプリで作成してみて，それを実際の生のリコーダーやたいこで演奏してみることもできるのではないでしょうか。

使い方次第で，色々な実践に使用できそうなアプリです。

お囃子のつくり方

お囃子の旋律のリズムは固定です。使える音は，レ・ド・ラの3音です。○を移動させて音を選びます。1段目を作成したら，右にある再生アイコンを押して確認してみましょう。引き続き，2段目も作成します。同じ旋律にしてもいいし，最後だけ少し変えてもいいし，全く異なる旋律にしてもよいでしょう。左の矢印（↓↑）アイコンから1と2の旋律を入れ替えることもできます。

たいこのリズムを作成するには，左側の「たいこのリズム」をクリックします。下に色々なたいこのパターンが現れるので，それを拍にドラッグ＆ドロップします。全部配置できたら決定します。

全体を聴くには「スタート」をクリックします。

（瀧川　淳）

No. 87 Web アプリで 日本の音階の旋律をつくろう

アプリはこちら↓

- ■ ア プ リ 名　日本の音階で旋律を作ろう！
- ■ 領 域 等　表現（音楽づくり，創作）
- ■ U R L　http://www.kumamoto-kmm.ed.jp/kyouzai/web/Melody-makingJP-V3/index.html

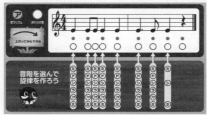

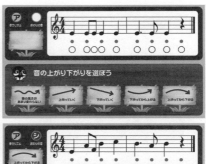

出典：e-net（熊本市地域教育情報ネットワーク）http://www.kumamoto-kmm.ed.jp/

Web アプリで旋律づくり

　アプリの手を借りて音楽づくり活動を行う利点は，子どもたちが，技術に捉われず，音楽づくりに集中できることでしょう。

　ここでは熊本市教育センターが提供するWeb アプリ「日本の音階で旋律を作ろう！」を紹介します。

音楽のつくり方

　リンクをブラウザで開くと，まず2種類のリズムを選ぶ画面が表示されます。

①リズムを選んで右下の「つぎへ」をクリックします。

②次は，旋律の流れを5種類から選択します。なお，ここで選んだ旋律の流れが次の画面に反映されるわけではなく，その流れを参考に自分で音を選びます。

③音は都節音階（ミファラシド）の構成音から選択していきます。

④すべての音を選択したら「つぎへ」をクリックします。

⑤テンポ（3種類）を選択して「演奏開始」で再生します。

⑥もし修正したい音があれば，左下の「もどる」アイコンをクリックすれば，前の画面にもどることができます。

　このサイトには，他にも日本の音階で伴奏をつくるアプリや，伴奏と旋律を重ねて演奏することのできるアプリが提供されています。これらのアプリを使用して，都節音階に親しみ，また旋律のつくり方を知ることができるでしょう。

（瀧川　淳）

おんぷノートでリズムを学ぼう

■ ア プ リ 名　おんぷノート
■ 領 域 等　表現（音楽づくり，創作）
■ U　R　L　https://cm.kawai.jp/sc/products/note/

速度や演奏する楽器を変えてみると，自分のつくったリズムの雰囲気が変わったりします。

おんぷノートで楽譜を学ぶ

　おんぷノートに入力した音符は，作成した通りに再生することができるので，楽譜と音との関係を自分一人で把握することができます。今回は，おんぷノートを使って，リズムを学び合うアイデアを紹介します。

自分のつくったリズムで主体的に学ぼう

　タブレット（iPad）を用いて，一人一人がおんぷノートでリズムをつくります。つくったら，ペアになって，そのリズムを見せ合い，そして一緒に叩いてみましょう。次に再生してみて，2人で叩いたリズムが楽譜通りだったか確認します。

　自分たちでつくったリズムです。相手がそれを叩いてくれるだけでもうれしいものではないでしょうか。リズムと楽譜の関係を楽し

く学ぶことができるでしょう。次のような手順で楽譜を作成します。

① 「新しい楽譜」は，小節線「あり」，小節数「2」もしくは「4」を選び，拍子を設定して「決定」します。

② 楽譜の第2線にリズムを書くよう指示します。例えば，使える音符の書き方だけを掲示しておくのもよいでしょう。

③ 各自作成したリズムをペアで叩き，楽譜と合っているかおんぷノートを再生して確認します。

④ アプリには打楽器系の音がありません。再生には，リズムを感じ取りやすい短く減衰する音（マリンバなど）を選びます。

⑤ メトロノームをつけると1小節空振りしてくれますので，再生音に合わせて叩くことも容易にできます。

（瀧川　淳）

No. 89 YouTube の機能を生かそう

■ ア プ リ 名　YouTube
■ 領　域　等　表現（歌唱，器楽，音楽づくり，創作）
■ U　R　L　https://www.youtube.com/

YouTube の機能色々

　オンライン動画共有サイト YouTube の機能は，No.16で紹介しましたが，単に色々な映像を検索して鑑賞するだけではなく，音楽の授業に使えそうな機能もいくつかあります。

字幕機能

　YouTube には，AI の技術を活用した**字幕機能**が搭載されています。また**自動翻訳機能**もあります。自動字幕／翻訳なので，完璧ではありませんが，例えば，海外のすぐれた音楽動画などを子どもたちに見せるといったことが今まで以上に容易にできるのではないでしょうか。設定方法は次の通りです。

①画面右下の設定アイコン（歯車）をクリックすると，上から４つめに「**字幕**」があり

ます。日本語の字幕は「**日本語（自動生成）**」に設定します。

②次に歯車の左隣の**字幕アイコン**をクリックすれば，セリフに合わせて字幕が自動生成されて表示されます。

③自動翻訳の場合には，設定―「字幕」から「**自動翻訳**」を選んで，「**日本語**」を選びます。

速度を変更する

　再生速度を変更すれば，例えば，お手本動画をゆっくり再生して練習したりできます。

①設定アイコン（歯車）から「**再生速度**」を選びます。

②表示された倍速，もしくはカスタムから再生する速度を設定して再生します。

（瀧川　淳）

No. 90 StuDX Style

■ 作　成　者　文部科学省
■ 内容・コンテンツ　音楽授業に役立つ Web サイト
■ U　　R　　L　https://www.mext.go.jp/studxstyle/

アプリはこちら↓

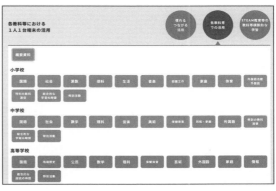

StuDX Stlye（文部科学省）
（https://www.mext.go.jp/studxstyle/）を加工して作成

文部科学省の ICT 活用まとめサイト

StuDX Style（スタディーエックス　スタイル）は，文部科学省が提供する「"すぐにでも""どの教科でも""誰でも"活かせる 1 人 1 台端末の活用シーン」を目指したサイトです。

サイトはいくつかの大項目にまとめられていて，その内，「慣れるつながる活用」や「各教科等での活用」は，すぐに授業で使えるアイデアに辿り着くことができるのではないでしょうか。

「慣れるつながる活用」の下位項目には，「教師と子供が」「子供同士が」「学校と家庭が」「職員同士で」つながる項目に分かれており，活動毎に ICT の具体的な活用法が示されています。

教科等での活用

「各教科等での活用」では，音楽も小学校，中学校，高等学校に分かれて，教科における活用法のアイデアが掲載されています。

それぞれの項目を見てみますと，ICT 活用のポイントと事例に整理されていて，資料が提示されています。なお資料は PDF ファイルの形式で提供されています。

活用のポイントからは，文部科学省の考える GIGA スクール構想下における ICT を活用した音楽科の指導や留意点を知ることができます。また事例からは，学校の音楽授業における ICT の具体的な使用について，その詳細を知ることができます。校種別にまとめられているのもとてもわかりやすく使いやすいと思います。

（瀧川　淳）

Teach U
～特別支援教育のためのプレゼン教材サイト～

アプリはこちら↓

■ サ イ ト 管 理 者　　後藤匡敬
■ 内容・コンテンツ　　音楽授業に役立つ Web サイト
■ U　　R　　L　　https://musashi.educ.kumamoto-u.ac.jp/

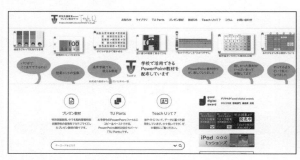

Teach U トップページ

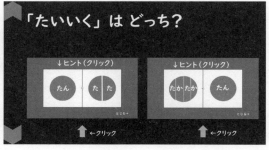

06001 ［音楽］ ことばとリズム

Teach U

　PowerPoint を授業で使ったことはありますか。PowerPoint はプレゼンテーション作成アプリで，授業進行を支援する際によく活用されるアプリです。本ページで紹介する「Teach U」は，知的障害のある児童生徒用の PowerPoint 教材を主に配信する Web サイトですが，特別支援教育に限らず，どの学校種でもアイデア次第で活用できる教材を約500点配信しています。私は，そのサイト管理者をしています。PowerPoint ユーザーに役立つものが見つかると思います。

主なカテゴリー

　Teach U の主なカテゴリーを紹介します。トップページ上方にボタンが並んでいます。
【お知らせ】Teach U からお知らせしたいイベント等の最新情報を掲載しています。
【ライブラリ】全教材が種類ごとに整理されて一覧になっています。教材を探す場合，最初に紹介するページです。
【TU Parts】PowerPoint の機能をコピー＆ペーストで拡張する部品のことです。No.39で紹介した「めくり5」は TU Parts のひとつです。
【プレゼン教材】PowerPoint 教材が公開順に並んでいます。
【教材 DB】教材のデータベースです。文字列などで検索できます。
　他，ICT の活用術等の情報もあります。

（後藤　匡敬）

Enjoy! Music プログラム【2020特別編】

アプリはこちら↓

作　成　者	サントリーホール
内容・コンテンツ	音楽授業に役立つ Web サイト
U　R　L	https://www.suntory.co.jp/suntoryhall/enjoymusic/special2020/

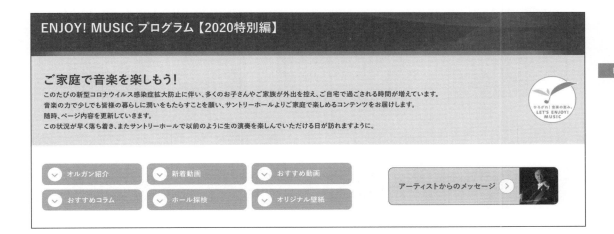

Enjoy! Music プログラムとは

　サントリーホールが主催する Enjoy! Music プログラムは「未来を担うこどもたちや，若いプロフェッショナルな音楽科たちに向けたプログラム，（中略）音楽の持つ深いよろこびを分かち合える場」（https://www.suntory.co.jp/suntoryhall/enjoymusic/）として開催される様々な音楽イベントです。

　幼児から高校生までを対象とした，子ども定期演奏会やワークショップ，ウィーン・フィルの青少年プログラムなどが開催されています。【2020特別編】は，新型コロナウイルス感染症拡大防止に伴い提供された自宅で楽しめるコンテンツですが，授業などでも使用できそうな動画がたくさんアップされています。

【2020特別編】の内容

　特別編にはどのような動画がアップされているのでしょうか？

　まず最初に**オルガン紹介**です。オルガンの演奏はもとより，楽器や音色について知ることができます。特にサントリーホールのオルガンの接写動画は迫力満点です。

　新着動画とおすすめ動画（2023年3月現在）には，計16本の動画がアップされています。日本のオーケストラだけではなく，ウィーンのオーケストラの音色を聴くことができます。

　また**ホール探検**では，サントリーホールの大ホール，小ホール（ブルーローズ），そしてホワイエについて知ることができ，また多くのすてきな写真を見ることもできます。

（瀧川　淳）

フラワービート

アプリはこちら↓

■ 作　成　者　　山本晶子
■ 内容・コンテンツ　音楽授業に役立つ Web サイト
■ Ｕ　Ｒ　Ｌ　　https://www.flowerbeat.net/

小太鼓のアンサンブル

お掃除ビート

ラテン楽器

たらいも楽器!?

マリンバ連弾走り弾き！

鍵盤ハーモニカ

台所用品も楽器に！

打楽器でみんなが1つに！

打楽器を使った演奏のアイデア

　打楽器の種類はたくさんあります。音楽室にもたくさんの打楽器があることと思います。木琴や鉄琴といった子どもたちに人気のものから，中には何年も日の目を見ていないもの，使い方がよくわからないものまであるかもしれません。そんな打楽器の使い方や合奏例を打楽器グループ「フラワービート」のメンバーと山本晶子が動画で紹介しています。カスタネット，タンブリン，トライアングル，ボディリズム，台所用品，紙，ペットボトル，木の実など，叩いて音が出るものならなんでも使ってリズムを楽しんでいます。

楽しくカッコよく演奏するイメージ

　カスタネットやタンブリンなどの身近な楽器の使い方については，知っているようで実はよくわかっていないという声を聞きます。打楽器の奏法は音楽のジャンルやテンポによっても変わります。大人がカッコよく楽しんでいる様子を映像で見ると，子どもたちも「こんなふうに楽しめるんだ！」と自分たちの演奏のイメージが広がるでしょう。

多様な個性で自由に楽しむ

　楽器を演奏する際には，基本的な奏法や正しい演奏を求めることが多いかと思いますが，子どもたちに最初からそれを押し付けてしまうとせっかくの音を出す喜びやリズムが合った時の心地よさを感じにくくなります。フラワービートの動画では，個性あふれる演奏家がそれぞれ自由な表現をしています。奏法の正しさよりも，多様な楽しみ方を感じ取ってもらえればうれしいです。

（山本　晶子）

No. 94 あっこ先生のリズム教室

アプリはこちら↓

作　成　者	山本晶子
内容・コンテンツ	音楽授業に役立つ Web サイト
Ｕ　Ｒ　Ｌ	https://www.youtube.com/@akkoteacher

打楽器の基本奏法がわかる

カスタネット，タンブリン，トライアングルなどの基本奏法を先生が確認したり，子どもに見せて参考にさせたりすることもできます。あっこ先生の YouTube チャンネルには器楽としても創作としても使えそうな動画がたくさんあります。1本の動画が短く，限られた時間内で見やすくできています。

日用品を使った音楽づくり

ボディリズム，台所用品，コップを使ってリズム創作をした作品も多く収録されています。リズム譜とリズムを言葉に置き換えた譜例もあり，読譜の練習もできます。楽譜が苦手な子どもにとっても言葉からリズムを創作するヒントになると思います。

カップスで遊ぼう

コップを使った「カップス」は典型的なリズム遊びの1つです。手拍子，机を叩く，コップを持ったり置いたり等のやり方を組み合わせてリズムをつくります。基本的なリズムパターンがありますが，リズムを創作し音楽に合わせてリズムを乗せていくのも楽しいと思います。

紙の音

紙1枚を使ってどんな音色がつくれるか探してリストアップし，コップと同じようにリズムを創作したり，またペットボトルなどを使っても同じことで応用させたりするのもいいですね。そしてつくったリズムを友人や家族に教えるというコミュニケーション活動にもつなげることができます。　　（山本　晶子）

音楽科授業工房

アプリはこちら↓

- 作　成　者　　中原真吾
- 内容・コンテンツ　　音楽授業に役立つツール紹介 Web サイト
- Ｕ　Ｒ　Ｌ　　https://kobo-fukuoka.com/

つながる　語れる　学び合える

Web サイト

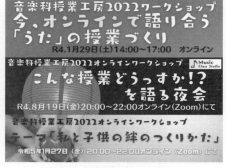

ニーズに沿った多彩なワークショップ

授業案を共有する
「みんなの工房」

学校に一人の音楽科の先生のために

　「音楽科授業工房」は，学校に一人しかいないことの多い音楽科の先生方のための支援活動（ワークショップの開催や Web サイトを中心とした情報発信等）を行っています。授業づくりについての記事や各サイトへのリンクなどを掲載しています。授業づくりについての個別相談ができるサービスもあります。

ニーズに沿った多彩なワークショップ

　オフラインやオンラインでのワークショップを不定期に開催しています。先生方が横のつながりをもつことができること，語り合い，学び合える場であることをコンセプトとしています。そのため，現場の先生方が主役となって，実践の共有や情報交換等ができるようにしています。上記画像のように，先生方の

ニーズに基づいて，他とは少し違った視点でワークショップを開催しているのが特徴です。

授業案を共有する「みんなの工房」

　先生方がワークシートや授業資料の案をブラウザ上に投稿し，お互いに共有（閲覧・ダウンロード）することのできるスペースです。子どもたちの学習が教室を越えていくように，先生方の授業づくりについての学びも学校を越えて，沢山の先生方とつながりながら効率的・効果的に学んでいけるといいですね。

（中原　真吾）

明日の音楽室

- 作　成　者　　小梨貴弘
- 内容・コンテンツ　音楽授業に役立つツール紹介 Web サイト
- Ｕ　Ｒ　Ｌ　　https://www.ashitano-ongakushitsu.com/

明日の音楽授業に役立つ情報を

音楽教育情報サイト「明日の音楽室」の開設から早くも４年目を迎えました。教師として自分が積み重ねてきた実践や，ネット上の学校音楽教育関連の情報等を幅広く掲載し，孤立無援で奮闘されている各学校の音楽の先生方の一情報ソースとして役に立ちたいとの思いから，このサイトを立ち上げました。

「明日の音楽室」のサイトに掲載されている資料は，主に「教育実践紹介」と「教材室」のページに格納されています。「教育実践紹介」では，私が授業や学校行事，またクラブ活動などで実践してきた様々な取り組みを，学年や領域といったカテゴリーに分けて紹介しています。また，本サイトの大きな特徴である「教材室」では，私が授業や学校行事等のために作成した Word や PowerPoint

のファイルがダウンロードできたり，YouTube 上のおすすめ教材動画や使い勝手のよい Web アプリケーションを紹介したりしています。そして，「リンク集」には，音楽教育関連の個人・法人サイトへのリンクが多数掲載されています。このサイトを玄関口として，様々なサイトから授業に役立つ情報を得ることができるでしょう。

コロナによる一斉休校の際には，全国の音楽の授業を止めないために，頻繁にサイト情報を更新し，代替となる授業案やオンライン授業に関する情報を発信してきました。これからも全国の音楽の先生方がお困りの際に役に立つサイトを目指し，サイト運営を進めていきたいと思います。「明日の音楽室」，ぜひ訪れてみてください。

（小梨　貴弘）

Zoom+a

- 作　成　者　岩居弘樹
- 内容・コンテンツ　オンラインツール紹介 Web サイト
- Ｕ　　Ｒ　　Ｌ　https://zoom.les.cmc.osaka-u.ac.jp/

ZOOM + a
Web会議システムZoom と 授業支援クラウド（ロイロノートスクール）を使った遠隔授業を行うためのページ

(1) ZOOMを使ってみる　(2) 遠隔授業を試す　(3) ミーティングに参加する時の手順　(4) オンライン授業ビデオ収録～公開　(5) これができるともっと便利

(6) ロイロノートスクール　(7) オンライン授業のツールはzoomだけじゃないですよ！　(8) 気になること・困ったとき　☆ 最近追加した記事

☆授業に使えるかもしれないアイデア

Zoomを使った遠隔授業について

☆☆ 3月の＋α相談会の予定

＋α相談会はどなたでも参加できます（特に記載のない限り申し込み不要です）

zoom＋a 疑問点はここで検索

[　　　　　　　　　　] 検索

☆ ＋α 相談会やってます

Zoom+a とは

　Zoom+a は，大阪大学の岩居弘樹先生が作成している「Web 会議システム Zoom と授業支援クラウド（ロイロノートスクール）を使った遠隔授業を行うためのページ」です。

　とはいえ，Zoom とロイロノートスクールのみを取り上げているのではなく，ICT を使った授業で活用できそうな Web アプリをたくさん紹介しています。

　このサイトは，10項目に整理されていますが，その内，「これができるともっと便利」「オンライン授業ツールは zoom だけじゃないですよ！」といった項目から，授業で ICT を使用する際の具体的な活用法のヒントを得ることができるでしょう。

Zoom+a で紹介されているオンライン授業ツール

　2023年３月現在，このサイトで紹介されているオンライン授業ツールは以下のようなものがあります。これらのツールの使い方なども丁寧に紹介しています。

　本誌でも紹介している**ロイロノートスクール**や Mentimeter に Padlet，またその他には，**BookWidgets**（オンラインテスト）**Socrative**（アンケートやテスト），**Edpuzzle**（YouTube や自前の動画に問題を挿入するアプリ），**Quizizz**（テスト），**Kahoot**（授業用オンラインゲーム），**Quizlet**（テスト）など，中には，日本語に対応していないアプリもあります。その活用法や使用方法を知ることができるので，とても有用なサイトです。

（瀧川　淳）

No. 98 MUSICCA

■ 作　成　者　　MUSICCA（デンマーク）
■ 内容・コンテンツ　音楽学習サイト
■ U　R　L　　https://www.musicca.com/jp

※ https://www.musicca.com から転記

MUSICCA とは

　MUSICCA は「音楽を理解し，楽譜を読み，楽器を演奏するために必要なスキルを身につけましょう」（https://www.musicca.com）とあるように，音楽を総合的に学ぶことのできる Web アプリです。デンマークのサイトですが，日本語にも問題なく対応しています。MUSICCA でできることは大きく分けて２つあります。**エクササイズ**と**ツール**です。

　アカウントを作成しなくても利用できますが，先生と子どもたちのアカウントを作成すると，クラスにまとめることができ，学習の進捗状況を記録することが可能になります。先生は子どもたちの進捗状況を確認することもできます。またすべての機能を無料で使用することができる Web アプリです。

MUSICCA にできること

　エクササイズは，音楽の基礎を学ぶための Web アプリです。**音**や**リズム**について，また**音程**，**和音**，**音階**，**調号**について学ぶことができます。どれも発展的なクイズ形式になっており，一人でも無理なく進めることができるでしょう。また楽器の判別では，クラシックやポピュラーで使われる楽器を写真や音から学ぶことができ，さらには音楽のジャンルや時代別の音楽様式などを知ることができます。

　ツールでは，オンライン上の**バーチャル楽器**を試すことができます。**ピアノ**，**ギター**，**ベース**，**ドラム**などを試すことができ，また**メトロノーム**や**ドラムマシン**，**チューナー**も用意されているので，生の楽器演奏にも活用できるサイトです。

（瀧川　淳）

洗足オンラインスクール

アプリはこちら↓

■ 作　成　者	洗足学園音楽大学
■ 内容・コンテンツ	音楽学習サイト
■ U　　R　　L	https://www.senzoku-online.jp/

音楽大学が提供する音楽学習アプリ

　SENZOKU ONLINE SCHOOL OF MUSIC（洗足オンラインスクール・オブ・ミュージック）は，洗足学園音楽大学が提供する総合的な音楽学習サイトで，その中には，音楽を学ぶための多くのオンライン学習アプリがあります。利用対象は，小学生から一般（中学生や高校生）を想定していますので，音楽の基礎から音大入学に必要な知識や理論まで網羅されています。これらをすべて無料で使うことができます。

　どれもとてもよくつくり込まれたアプリです。子どもたちは，一人でもゲーム感覚で楽しく音楽の知識や理論をステップ・バイ・ステップで学ぶことができるでしょう。ブックマークしておいてちょっとした空き時間にチャレンジさせてみてください。

どんなことが学べるのか

　音楽理論・楽典では，クラシック系とジャズ，ロック＆ポップス系に分けて，それぞれの理論が丁寧に解説されています。学んだことは**オンライン試験**の自動採点機能で確認することができます。

　ソルフェージュには，**リズム**や**聴音**，**楽器の音色**，**譜読み**について学ぶことのできるオンラインアプリが6種類用意されています。

　音楽史・講座では，音楽史を文章や漫画で知ることができ，音でも確認することもできます。クラシックのみならず，ジャズやロックの歴史にも触れていて，それが世界史や日本史の出来事と関連付けられています。また**音楽史トライアル**で，学んだことを確認することができます。

（瀧川　淳）

Learning Music（音楽を学ぼう）

アプリはこちら↓

■ 作　成　者　　Ableton AG（ドイツ）
■ 内容・コンテンツ　音楽学習サイト
■ U　　R　　L　　https://learningmusic.ableton.com/ja/

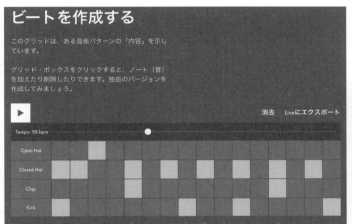

ビートを作成する

このグリッドは、ある音楽パターンの「内容」を示しています。

グリッド・ボックスをクリックすると、ノート（音）を加えたり削除したりできます。独自のバージョンを作成してみましょう。

▶

消去　　Liveにエクスポート

Tempo: 98 bpm

Open Hat
Closed Hat
Clap
Kick

チャプター	レッスン
はじめに	ビートを作成する
ビート ›	サウンドについて
ノートとスケール ›	ビートとテンポ
コード ›	テンポとジャンル
ベースライン ›	バックビート
メロディ ›	小節
曲構成 ›	ロックとハウス
自由に演奏してみよう	"We Will Rock You"
上級トピック ›	"Single Ladies"
このレッスンが終わったら	ビートを演奏してみよう

× チャプター

Ableton のオンラインアプリとは

　クラシック音楽の世界で多くの名曲を生み出し，またそれを後世に伝えるための記録の方法として完成された楽譜。その完成度や果たしてきた役割は疑うべくもありませんが，一方で，楽譜とは異なる音楽の表し方は昔からありました。

　ドイツのデスクトップ・オーディオ・ワークステーション（DAW）・ソフトウェアを制作販売する Ableton 社が提供するブラウザベースの学習ツール「Learning Music」（音楽を学ぼう）は，現代のポップスシーンなどでよく使われる PC を使った音楽制作の基礎を学ぶことができます。このアプリもステップ・バイ・ステップで構成されており，音楽の理論の基礎を体験的に学ぶことができるようにつくられているのが大きな特徴でしょう。

PC を使った音楽制作

　PC やタブレットを使った音楽制作は，現在のポップスシーンでは主流で，また自作した曲を配信しやすい環境になったことからタブレット一台でつくった自作曲が多くのリスナーを獲得してメジャーデビューを果たしたなんてサクセスストーリーもよく耳にします。この学習ツールでは，そんな音楽制作の基礎を以下の内容で学ぶことができます。

　ビート，**ノートとスケール**，**コード**，**ベースライン**，**メロディ**，**曲構成**のチャプターを順番に進めていくことで，PC で曲をつくる過程を学ぶことができますし，色々なジャンルの音楽の特徴に触れることもできます。また音楽の授業などでは，創作の授業にこの学習ツールを活用することもできるのではないでしょうか。

（瀧川　淳）

【編著者紹介】

瀧川　淳（たきかわ　じゅん）

東京学芸大学大学院修士課程修了。東京藝術大学大学院博士後期課程修了。学術博士。上野学園大学講師，熊本大学大学院准教授を経て，現在，国立音楽大学准教授。専門は，音楽教育学と教師教育。近年は，ICTと音楽教育について研究を進める。編著に『1人1台端末でみんなつながる！音楽授業のICT活用ハンドブック』（明治図書，2022.2）がある。

【執筆者一覧】（執筆順）

瀧川　　淳	国立音楽大学准教授
志民　一成	国立教育政策研究所教育課程研究センター研究開発部教育課程調査官
津田　正之	国立音楽大学教授
大熊　信彦	東邦音楽大学特任教授
鶴岡　翔太	目白研心中学校・高等学校講師
酒井美恵子	国立音楽大学教授
中島　千晴	熊本市教育委員会事務局教育総務部教育改革推進課指導主事
松長　　誠	埼玉県所沢市立中央小学校教諭
桐原　　礼	信州大学准教授
長山　　弘	盛岡大学助教
山本　晶子	打楽器奏者
小梨　貴弘	埼玉県戸田市立戸田東小学校教諭
植田　青士	熊本大学教育学部附属特別支援学校教諭
後藤　匡敬	熊本大学教育学部附属特別支援学校教諭
上中　博美	熊本県立鏡わかあゆ高等支援学校教諭
中原　真吾	福岡県教育庁教育振興部義務教育課指導主事
城　　佳世	九州女子大学准教授

音楽科授業サポートBOOKS

音楽×アプリ×授業アイデア100

小学校・中学校

2023年9月初版第1刷刊 ©編著者	瀧　川　　　淳
発行者	藤　原　光　政
発行所	明治図書出版株式会社

http://www.meijitosho.co.jp

（企画）木村　悠（校正）川上　萌

〒114-0023　東京都北区滝野川7-46-1
振替00160-5-151318　電話03（5907）6703
ご注文窓口　電話03（5907）6668

＊検印省略　　　　組版所 長野印刷商工株式会社

Printed in Japan　　　ISBN978-4-18-356729-1

もれなくクーポンがもらえる！読者アンケートはこちらから